Joseph Eybel

Was enthalten die Urkunden des christlichen Alterthums

von der Ohrenbeichte

Joseph Eybel

Was enthalten die Urkunden des christlichen Alterthums von der Ohrenbeichte

ISBN/EAN: 9783743603783

Hergestellt in Europa, USA, Kanada, Australien, Japan

Cover: Foto ©ninafisch / pixelio.de

Weitere Bücher finden Sie auf **www.hansebooks.com**

Was enthalten

die

Urkunden

des

chriſtlichen Alterthums

von

der Ohrenbeichte?

WIEN,

bey Joſeph Edlen von Kurzbek k. k. Hof-
buchdrucker, Groß- und Buchhändler. 1784.

Der Ursprung der Macht und Gewalt die Sünden zu vergeben und zu behalten, ist von unserm Heilande selbst herzuholen; denn unter anderen Gaben verlieh er den Aposteln auch diese Macht und Gewalt. Er bließ sie an, und sprach zu ihnen: Empfanget den heiligen Geist; denen ihr die Sünden erlassen werdet, denselben sind sie erlassen, und denen ihr sie behalten werdet, sind sie behalten (a)

§. 2.

Das Wunderbare dieser Gabe erklärte auch unser Heiland selbst. Sie brachten zu ihm einen Gichtbrüchigen, der auf einem Bette lag: da nun Jesus ihren Glauben sah, sprach er zu dem

A 2   Gicht-

(a) Ioan. XX, 22. sequ.

Gichtbrüchigen: sey getrost mein Sohn
dir sind deine Sünden vergeben. Und
siehe: etliche unter den Schriftgelehr=
ten sprachen bey sich selbst: dieser lä=
stert Gott. Und da Jesus ihre Gedan=
ken sah, sprach er: warum denket ihr
arges in eurem Herzen? Denn was ist
leichter zu sagen: dir sind deine Sünden
vergeben, oder zu sagen: steh auf und geh?
damit ihr aber wisset, daß des Menschen
Sohn Macht habe auf Erden die Sün=
den zu vergeben, so sprach er zum Gichtbrüchigen: steh auf, nimm dein Bett,
und geh in dein Haus. (b)

§. 3.

Und siehe, es war ein Weib in der
Stadt, die war eine Sünderinn, und
da sie erfuhr, daß er in dem Hause des
Pharisäers zu Tische saß, brachte sie
eine Alabasterbüchsen mit Balsame;
und stund hinten zu seinen Füssen, und
weinete; und fieng an, seine Füsse mit
Thränen zu netzen, und troknete
sie mit den Haaren ihres Haup=
tes ab, und küßte seine Füsse, und sal=
be=

(b) Math. IX. s. sequ.

bete sie mit Balsam. Da aber der Pha‐
risäer, der ihn geladen hatte, dieses
sah, dachte und sprach er bey sich selbst:
wenn er ein Prophet wäre, so wüßte er
gewiß, wer und was für ein Weibsbild
das sey, das ihn anrühret; denn sie ist
eine Sünderinn — — und er wandte
sich zu dem Weibsbild und sprach zu
Simon: Siehst du dieses Weib? ich
bin in dein Haus gekommen: Du hast
mir kein Wasser gegeben meine Füsse
zu waschen; diese aber hat mir die
Füsse mit Thränen genetzet, und mit
den Haaren ihres Hauptes abgetrock‐
net. Du hast mir keinen Kuß gegeben;
diese aber, seit dem sie herein gekom‐
men ist, hat nicht aufgehöret meine
Füsse zu küssen. Du hast mein Haupt
nicht mit Oele gesalbet, sie aber hat mei‐
ne Füsse mit Balsam bestrichen. Da‐
rum sage ich dir: Ihr werden viel Sün‐
den vergeben, weil sie viel geliebet hat:
wem aber wenig vergeben wird, der
liebt auch wenig. Er aber sprach zu
ihr: Die Sünden sind dir nachgelassen.
Und die mit zu Tische waren, fiengen
bey sich selbst an zu sagen: Wer ist die‐
ser, der auch die Sünden nachläßt?

Er

Er aber sprach zu dem Weibsbilde: Dein Glauben hat dir geholfen. Geh hin im Frieden (c) So verhielt sich diese Büsserinn; so überwies der Heiland den Pharisäer, daß er eben so vermögend sey die Sünden zu vergeben, als er allwissend ist; und so lehrte er, wie Sünder wieder gerechtfertiget werden. (d)

§. 4.

Wie der Vater die Todten aufwecket, und sie lebendig machet, so machet auch der Sohn lebendig, welche er will; denn der Vater richtet keinen, sondern das ganze Gericht hat er dem Sohne über-

(c) Luc. VII. 37. seq.
(d) Der Glauben ist der Anfang und Grund unserer Gerechtigkeit; dieser führet uns zu der Erkenntniß des eigenen sündhaften Standes, und zur Erkenntniß Gottes; aus diesem quillt das Vertrauen zu ihm, und seinen Verheißungen; aus beiden erwächst jene reumüthige Liebe, die uns zu Kindern Gottes, und in seinen Augen gerecht macht, welche auch in den vorfallenden Gelegenheiten nach dem Beyspiele dieses Weibebildes, wo wir Glauben, Hofnung und Liebe antreffen, stäts werkthätig ist, hat hierüber angemerket der seel. Fürst Bischof zu Passau Graf von Thun in der verbesserten Ubersetzung der vier Evangelien: Sieh meine Wienerische Er Excellenz den Hr. Gr. von Pergen Statthalter und Landwirtschaft in N. Oe. gewidmete Ausgabe dieses Evangeliums pag. 55.

übergeben. — — Wahrlich wahrlich!
Ich sage euch, daß wer mein Wort höret, und dem glaubet, der mich geschicket hat, der hat das ewige Leben, und
kömmt nicht in das Gericht, sondern er
ist von dem Tode zum Leben übergangen,
sprach Christus, nachdem er bey dem Schafteiche den
acht und dreissigjährigen Kranken geheilet, und denselben mit diesen Worten gewarnet hatte: Siehe
du bist gesund worden, sündige nicht
mehr, damit dir nicht etwas ärgers wie-
derfahre. (e) Das Wunder hätte den
Juden die übernatürliche Kraft und Gewalt entdecken sollen, womit er versehen
war, und auf den Glauben desjenigen
bringen, was er ihnen hier erkläret,
daß nämlich seine Allmacht der Allmacht
des Vaters gleich sey, und mit ihm stets
wirke. (f)

§. 5.

Die Apostel selbst nennen diese ihnen ver-
liehene Macht ein Geschenk Gottes (g) und
U 4   der

(e) Joan. V. 1. — 25.
(f) Anmerk. des erstbelobten Fürstbischofes Sr. von Thun
in meiner Wiener. Ausgabe des Evangelium des
heil Johannes. pag. 28.
(g) δωρεὰν τῷ Θεῷ.

der **Geiſt** der **Wahrheit**, welcher gekommen iſt ſie in alle Wahrheit zu leiten (h) wirkte
bey ihnen ſo viel, daß ſie in dem Werke der Vergebung nicht irren konnten.

§. 6.

Dein Herz iſt nicht richtig vor Gott;
darum thue Buße über dieſe deine Schalk-
heit und bitte Gott, ob dir vielleicht
dieſe Gedanken deines Herzens möchten
vergeben werden; denn ich ſehe, daß
du mit Galle der Bitterkeit und mit
Stricken der Ungerechtigkeit verhaftet
biſt, ſprach Petrus zu Simon, der die Macht,
durch Auflegung der Hände den heil. Geiſt zu geben, dieſe Gabe Gottes, durch Geld erlangen
wollte. (i) Anania, warum hat der Satan dein Herz eingenommen, dem heil.
Geiſt vorzulügen und etwas vom Gel-
de des Ackers zu entwenden; Blieb er
nicht dein, da er dein war? und als er
verkauft war, war das nicht in deiner Macht? warum haſt du dieſes Ding
in deinem Herzen vorgenommen? Du
haſt nicht den Menſchen, ſondern Gott
vor-

(h) Joh. XVI. 13.
(i) Geſchicht. der Ap. K. VIII. 18. ſequ.

vorgelogen — Was seyd ihr dessen eins
worden den Geist des Herrn zu versu-
chen? So sprach der nemliche Apostel zu Ananias und Saphira, welche sodann beyde vor seinen
Füssen niederfielen und den Geist aufgaben. (k)
Man hört für gewiß, daß Unzucht un-
ter euch sey; und solche Unzucht, dergleichen auch unter den Heyden nicht gehöret wird, nemlich, daß einer seines
Vaters Weib hat, und ihr seyd noch
aufgeblasen: und habt euch nicht darum
bekümmert, daß derselbe, der diese That
begangen hat, aus euerem Mittel hinweg geschaffet würde. Ich zwar mit
dem Leibe abwesend, aber gegenwärtig
mit dem Geiste, habe schon als gegenwärtig das Urtheil gefället, daß derselbe, der also mißhandelt hat, im Namen unsers Herrn Jesu Christi, in eurer
Versammlung mit meinem Geist, samt
der Kraft unsers Herrn Jesu, dem Satan
soll übergeben werden zum Verderben
des Fleisches, auf daß der Geist selig
werde am Tage unsers Herrn Jesu Christi; schreibt der Apostel Paulus an die Korin-

U 5 ther

(k) Geschicht. der Ap. V. 1. sequ.

ther (l) Man sieht also bey der den Aposteln ver-
liehenen und von ihnen ausgeübten Gewalt wunderbare Wirkungen. Man sieht, wie bei
ihnen diese Macht mit der innersten und
gründlichen himmlischen Erkenntniß ver-
knüpfet war, durch deren Kraft sie urtheilen konnten, welche der Handauflegung würdig, und welchen dieselbe ab-
zuschlagen sey.

§. 7.

Es ist offenbar, daß die Vergebung der
Sünden, von welcher hier die Rede ist, nicht mit
jener vermenget werden müsse, zu welcher wir alle verpflichtet sind, und von welcher geschrieben steht: Vergieb uns unsere Schulden,
als auch wir vergeben unsern Schuldigern.
— So ihr den Menschen ihre Fehler vergebet, so wird euch euer himmlischer Vater
auch vergeben Wo ihr aber den Menschen nicht vergebet, so wird euch euer
Vater eure Fehler auch nicht vergeben
(m) — Sündiget aber dein Bruder an
dir; so geh, und strafe ihn zwischen
dir

(l) I. ad Corinth. V. 1 sequ.
(m) Math. VI. 13 sequ.

dir und ihm allein: wenn er dich höret,
so hast du deinen Bruder gewonnen:
wenn er dich aber nicht höret, so nimm
noch einen oder zween zu dir, auf daß
die ganze Sache aus zweener oder drey-
er Zeugen Munde bestehe. Wenn
er die nicht höret, so sag es der Kirche: höret er die Kirche nicht, so
halt ihn für einen Heiden und Zöll-
ner.— Da trat Petrus zu ihm und
sprach, Herr! wie oft kann mein
Bruder wider mich sündigen, daß ich
ihm verzeihen soll? bis siebenmal? Jesus
sprach zu ihm: ich sage dir nicht bis
siebenmal, sondern bis auf siebenzig-
mal siebenmal—Du boshafter Knecht!
die ganze Schuld hab ich dir erlassen,
weil du mich bathst; solltest denn auch
du nicht dich über deinen Nebenknecht
erbarmet haben, wie ich mich über
dich erbarmet habe? und sein Herr
ward zornig, und überantwortete ihn
den Foltern, bis daß er bezahlete alles,
was er ihm schuldig war. Also wird
euch mein himmlischer Vater auch thun,
wenn nicht ein jeder seinem Bruder seine Uebertretungen von Herzen ver-
zeiht,

zeiht. (n) Diese Vergebung steht in der Macht
und unter den Pflichten eines jeden Christen, und hat
auf die von Gott abhangende Vergebung der Sünden nur diesen Bezug, daß nach den Verheißungen unsers Heilandes; wenn wir dem Nächsten
vergeben, auch uns Gott vergeben werde. (o)

§. 8.

(n) Math. XVIII. 15. sequ. 21. seq. 32. sequ.
(o) Gott weiß von keiner Maaße der Liebe zu ihm.
Weil wir nur den Nächsten seinetwegen lieben
müssen; so schlüsset er alle Abweichung davon
aus, und wir müssen alles ohne Unterschied
verzeihen, wie er uns in grösserem Uebermaf-
se unsere Sünden zu vergeben erklärt.
Gott will die Verzeihung geringer menschli-
cher Vergehungen mit seiner unendlichen Güte
vergelten, und uns auch die wider ihn begangenen schwersten Sünden unter dem Bedin-
ge verzeihen, daß wir die uns zugefügten ge-
ringen nachlassen und vergeben sollen. Liese;
jemand diese Stellen und überleget er sie wohl,
und spricht das Gebeth des Herrn andächtig,
so wird keine auch die allerempfindlichste Bege-
benheit fähig seyn, bey ihm eine Rache zu erwecken
und aus einem falschen Begriffe von der Ehre
ihn zu verhindern, daß er, obschon verleget,
nicht selber Gelegenheit suche, sich mit seinem
Gegner zu versöhnen und die vollkommensten
Mittel erwähle, eine gänzliche Erlassung
seiner Sünden zu erhalten. Sieh die Anmerk. des Fürst Bischofs Gr. v. Thun in meiner
Wiener. Ausgabe des Evangelium des heil. Matth.
pag. 103. & 105.

§. 8.

Hieher gehöret auch, was der Apostel Ja-
kobus in seiner allgemeinen Epistel schreibt: darum
so bekennet einer dem anderen eure Sün-
de und bittet für einander, daß ihr selig
werdet; denn das stete Gebeth eines
Gerechten vermag sehr viel (p.)

§. 9.

Jeder Vernünftiger wird mir es zu gute
halten, daß ich mich nicht vergehe mit dem rö-
mischen Skolastiker Bellarmin, die heutige Ohrenbeicht bereits in den Zeiten unserer ersten Eltern
Adam und Eva aufzusuchen, weil Gott von dem
Kain das Bekenntniß seiner Sünden verlänget hat.
Und da auch aus allen jenen Ceremonien, welche zur Aussöhnung fremder und anderer Sünden
in dem alten Testamente vorgeschrieben waren,
(q) dennoch keine heutige Ohrenbeicht heraus-
kömmt;

(p) V. 16.
(q) Num. V. Levit. V. Einige gehen so weit, daß sie
den Prophet Nathan für einen Hof-Pater und kö-
nigl. Beichtvater Davids halten, der doch gewiß
nicht gesagt hat: ego te absolvo; sondern, der
auf besondere göttliche Anweisung zu David, nachdem er bekennte: ich habe gesündiget wider den
Herrn; gesprochen: der Herr hat deine Sünde
weggenommen, du wirst nicht sterben. Sam. XII.

kömmt; auch die jüdischen Cermonialgesetze durch
keine göttliche Verordnung auf uns übergegangen
sind, so müßte man jedem, der vernünftig, ehr-
lich und wahrhaft gelehrt ist, lächerlich werden,
wenn man die heutige Ohrenbeichte aus dem alten Testamente herholen wollte; denn es müßte
bewiesen werden, daß schon damals jedem aufer-
leget worden, jede Sünde insonderheit dem Priester herzuzehlen.

§. 10.

Aber auch von jenen Beweisthümern, mit welchen
Bellarmin die Ohrenbeichte, wie sie heut zu Tage ge-
bräuchlich ist, aus dem neuen Testamente und den
Zeiten der Apostel herleitet (r) sagt der grosse Esti-
us, wenn man aus dergleichen Stellen
gleich etwas wahrscheinliches zum Beweis der Beicht, so dem Geistlichen geschehen soll, heraus bringen könnte; So
wäre es doch an dem, daß dieselben mit
nicht minderer Wahrscheinlichkeit auf
eine andere Weise erkläret werden könnten; und aus einem mystischen Verstande

---

(r) Geschicht der Ap. XIX. 18. 19 II. ad Cor. V. 19.
20. Ep. Iacob V. 16.

de sey kein gewisser Beweis zu nehmen.
(s) Natalis Alexander bekennet nicht minder frey,
daß sowohl Bellarmins als anderer Theologen ihre
Beweisthümer größtentheils so beschaffen seyn, daß
damit dasjenige gar nicht erwiesen wird, was sie
sich zu beweisen vorgenommen haben. (t)

§. II.

Mit allem Fleiße werde ich mich hüten,
über diesen Gegenstand mich auf Werke auch noch
so gelehrter Protestanten zu beziehen, obwohl mir
dieselben wohl bekannt sind, (u) und ich ein schon
von ansehnlichen und rechtschaffenen Katholicken
gemachtes Geständniß gleichfalls machen muß, nemlich: aus ihren Schriften in sehr vielen gründlich
aufgeklärt worden zu seyn. Damit ich nemlich
bey vielen nicht schon hierdurch verdächtig und un-
wirksam werde, will ich in dieser ganzen Abhandlung nur Zeugnisse solcher Authoren anführen, die
in unserer heiligen, katholischen Kirche jederzeit für
ge-

(s) Ut detur, ex his scripturis probabiliter aliquid
colligi pro confessione secerdoti facienda, quæ
tamen a plerisque non minus forte probabiliter in
alium sensum accipiuntur, et ex mystico sensu
non ducitur certum argumentum. L. IV. sent.
d. 17. §. 5.
(t) Hist. Eccles tom VII. diss. de Sacr. confess.
u) J. B. Böhmers, Pertschers, Dallaei &c.

gelehrte und fromme Männer angefehen worden.
Mit Aufbringung folcher Zeugniffe bin ich fo wenig in Verlegenheit, daß ich fogar Stellen, die
nicht gewiß, bey allen, für ächt gelten, zu keinem
Grund nehmen werde; daher werd ich auch aus
jenen Schriften, welche unter den Namen Dionyfii
des Areopagiten, Ignatii und Klementis 2c. unter-
gefchoben worden, (v) oder welche das Gepräge
einer Ifidorifchen Fabrik haben, weder für mich
einen Beweis führen: noch aber auch daraus einen Beweis wider mich führen laffen. Auch Stellen der Väter follen mit aller Behutfamkeit und im
Zufammenhange nach allen Regeln der Kritik genommen werden; und mit bloffen Meinungen der
fkolaftifchen Zunft wollen wir uns fchon gar nicht
abgeben, fondern nachdem wir **die fo wunder-
bar von dem Heilande und den Apofteln
ausgeübte Macht, die Sünden zu vergeben**, in den angeführten Stellen der heiligen
Schrift gefehen haben, wollen wir nur in den Urkunden des chriftlichen Alterthums auffuchen, was
hievon nach den Zeiten der Apoftel in den erfte-
ren Jahrhunderten fich finden läßt.

§. 12

(v) Sieh Chrift. Lupum in Not. ad Tertull. de Præfcript.
  Gerard. du Pois in Hift. Ecclef Paris. L. IV.
  cap 3. Ludov. Eli. Dupin dans la Biblioth. des
  Auteurs Ecclef. Tom. I. Ant. Gadcau in Hift. Ecclef. ad an 99. Stephan. Paluz in præf. ad Au-
  guft. Dial. de Emend. Gratian.

§. 12.

Der muß wohl gar nicht in den Urkunden
des christlichen Alterthums bewandert seyn, welcher nicht weiß, daß darinn die Worte Buße
und Vergebung zum öfteren vorkommen; der
aber eben aus diesen Urkunden erkannt hat, wie
eifrig die ersten Christen sich durch eigne Verträge verbunden haben, den Heiden und Irrgläubi-
gen nicht das mindeste üble Beyspiel zu geben (x);
wie sie jede Uibertretung dieses Vertrages für eine besondere Beleidigung der ganzen Gemeinde an-
gesehen haben; wie solche Uibertreter von der
Gemeinde ausgeschlossen und nicht ehe wieder aufgenommen worden, als bis sie das der Kirche an-
gethane Unrecht öffentlich abgebeten hatten; dieser weiß auch die Vergebung der Sünden in Rücksicht auf das Unrecht, so der Kirche
wiederfahren ist, von der Vergebung der Sünden in Rücksicht auf die Beleidigung
Gottes zu unterscheiden.

B   §. 13

---

x) Tertullian handelt von dieser durch Verträge errichte-
ten Zucht, confœderata disciplina, Apolog, cap,
XXXIX.

§. 13.

Aus Mangel dieser Kenntniß und Wissenschaft haben viele die kirchliche, aus der Natur
und nach Verträgen jeder Gesellschaft zukommen-
de, und hiemit auch in der Macht der kirchlichen
Gesellschaft stehende Vergebung mit der über-
natürlichen Lossprechung von der Beleidigung Gottes, die Kirchenbussen mit dem, was der
Sünder Gott zu leisten schuldig ist; und die Nachlassung der Kirchenbussen oder die Lossprechung vom
Kirchenbanne mit der Nachlassung der Sünden vermenget. (y)

§. 14.

Das in den Urkunden des christlichen Alterthums vorkommende Wort Exomologesis, Busse,
bedeutet auch keinesweegs eine besondere Beichte,
die allein den Geistlichen geschieht, sondern die
gan-

_____

(y) Ich habe dieses schon in meiner Abhandlung Was
ist der Ablaß? sattsam bewiesen.

ganze Handlung der öffentlichen Buſſe nach damaligem Gebrauche. (z)

§. 15.

Die Biſchöffe lieſſen zu dieſer Buſſe, nur
diejenigen, welche es begehrten, und eine ernſthaf-
te Reue über ihre Sünden bezeigten. Niemand
wurde durch äuſſerliche gewaltſame Mittel hiezu gezwungen, und die Ausſchlieſſung von der Gemeinde war das einzige, was denjenigen widerfahren
iſt, welche ſich weigerten zu büſſen, und das Aer-
gerniß gut zu machen, wenn ſie eines öffentlichen Verbrechens überwieſen waren (a) Denn wir können ſagt der heil. Au-
guſtin niemand von der Gemeinde aus-
ſchlieſſen, wenn der Schuldige nicht
entweder ſein Verbrechen freywillig bekennet hat, oder in einem weltlichen o-
B 2   der

(z) Albaspinæus de Rit. Eccles. lib. II. obs. 26.
Petavius in Not. ad Epiphan. hæres. L. IX.
Rigaltius Not. ad Tertul. de pœnit Cap XI.
(a) Fleury tom. VIII. hiſt. Eccles. dis. prælim.
§. 8.

der geistlichen Gerichte desselben be=
nanntlich überwiesen ist (b).

§. 16.

Auch für heimliche Sünden wurde freywillig
öffentliche Buße verrichtet; Denn (c) es war da=
mal keine andere Kirchenbuße, als die öffentliche,
und man wußte hiemit von auferlegten Privatbuf=
sen nichts, ausgenommen in besonderen Fällen,
wo die Ehre des Sünders mit grossem Nachthei=
le und den übelsten Folgen gelitten hätte. (d) Doch
war dieser Unterschied, daß Büsser, deren Sün=
den offenbar waren, durch den Bischof selbst (e),
der ihnen vor dem Sanktuarium die
Hände auflegte, mit der Kirche wieder re=
koni=

(b) Hom. XXXVIII.
(c) Morinus Lib. 4 de administ. sacram. pœnit. c.
 10. L. 5. cap. 9. cap. 11.
(d) S. Basilius ad Amphil. can. 34.
(e) Die öffentliche Buße wurde bloß vom Bischofe
 allein, und nur im Nothfalle anstatt seiner und auf
 seine Anordnung vom Priester verrichtet. Can. 32.
 Concil Carthag. III. apud Grat. Caus. 26. 9. 6.
 can. 14 & 9. 7. Cor. 5.

konziliirt (f) wurden; da Büffer, die heimlich
gesündiget hatten, nach verrichteter öffentlichen
Buffe die Rekonziliation heimlich von einem Priester anverlangen konnten. Und obwohl keiner durch
äufferliche Zwangsmittel zur öffentlichen Buffe gezwungen werden konnte, so wurden doch öffentliche Sünder, die sich nicht der öffentlichen Buffe
unterworfen, von der Gemeinde ausgeschloffen;
welche Strafe die heimlichen Sünder nicht traf, denen ohne Verrichtung der öffentlichen Buffe nur die
anverlangte Rekonziliation heimlich abgeschlogen
wurde, übrigens aber öffentlich die Gemeinschaft
und der Gebrauch der Sakramente unbenommen
bliebe. (g)

§. 17.

Die öffentliche Buffe wurde sogar von solchen Leuten übernommen, welche nur geringere,
oder gar keine Verbrechen hatten. (h) Um so weniger lief also jemand, der sich der öffentlich en Buf-
B 3 se

(f) Denn das Wort Absolution kommt in den ältesten
Urkunden nicht vor.
(g) Van Espen P. II. S. I. tit. VI. S. 9.
(h) Morinus L. 5. cap. 7.

se unterzog, eine Gefahr, über begangene heimliche Sünden mit Verlust seiner Ehre entdecket zu werden.

§. 18.

Da die Bußgesetze bekannt waren, und den Sündern nach diesen Gesetzen diese zu verrichtende Bußwerke bestimmet waren, so muß sich niemand wundern, daß die Bischöfe selbst, die oft nur einen Priester oder gar nur einen Diakon hatten, in denselben Zeiten, auch bey noch so vielen Seelen die Handauflegung oder Rekonziliation allein verrichten konnten. Allein, nachdem die Auferlegung der Bußen, nur mit Ausnahme gewisser vorbehaltener Fälle, der Macht und Willkür der Priester überlassen worden, so wurde erstens eine größere Anzahl der Priester nothwendig; zweytens der Anfang zu so vielen priesterlichen Beichtstülen gemacht, und eben darum, weil nun die Priester die Schwere der Sünde und die hierauf zu legende Buße zu beurtheilen hatten, so hätte drittens der Priester, wenn ihm nicht das Verbrechen nach allen Umständen wäre entdecket worden, nicht einmal sein Amt handeln können.

§. 19

§. 19

Was von der Vergebung der Sünden, in
soweit durch dieselbe Gott beleidiget
worden, in den Urkunden des chriſtlichen
Alterthums zu leſen iſt, zeiget, daß die heil. Väter dieſe Vergebung ganz anders als die
Vergebung des der Kirche zugefügten
Unrechtes und der. darauf geſetzten Kirchenbuſ-
ſen angeſehen haben.

§. 20.

Freylich ſchreibt Tertullian (i): Wer vergiebt die Miſſethaten, als allein Gott?
und zwar auch Tod-Sünden, die wie

B 4   der

(i) *Quis enim dimiſſis delicta, niſi ſolus Deus? Eo
utique mortalia, quæ in ipſum admiſſa fuerint & in
templum ejus. Nam tibi, quæ in te reatum habent,
etiam ſeptuagies ſepties juberis indulgere in perſona
Petri. Itaque ſi & ipſos beatos Apoſtolos tale quid
indulſiſſe conſtaret, cujus venia Deo, non ab
homine competeret, non ex diſciplina ſed ex poteſtate*

der ihn und seinen Tempel begangen
worden. Denn was wider dich geſchehen, das iſt dir in Petri Perſon anbe-
fohlen, auch ſiebenzigmal ſiebenmal zu
vergeben. Haben die Apoſtel aber
dergleichen vergeben, da die Vergebung nicht von den Menſchen, ſondern
von Gott zu erhalten, ſo iſt es nicht
aus Beobachtung der Zucht, ſondern
aus

---

feciſſe. Nam & mortuos ſuscitaverunt, quod Deus
ſolus, & debiles redintegrarunt, quod nemo niſi
Chriſtus, & plagas inflixerunt, quod noluit Chriſtus.
Non enim decebat eum ſævire, qui pati venerat. Percuſſus eſt Ananias et Elimas; Ananias morte, Elimas cæcitate, ut hoc ipſo probaretur, Chriſtum et
hæc facere potuiſſe, ſic et Prophetæ cædem, et cum
et Macchiam pænitentibus ignoraverant. Exhibe igitur et nunc mihi, Apoſtolice, prophetica exempla, et
agnoſcam divinitatem, et vindica tibi delictorum eius-
modi remittendorum poteſtatem. Quod ſi diſciplinæ
ſolius officia ſortitus es, nec imperio præſidere ſed
miniſterio, quis & quantus es indulgere? Qui neque Prophetam nec Apoſtolum exhibeas, cares ea vir-
tute cujus eſt indulgere. cap. 21. de pudic. —
Exomologeſis eſt, qua delictum Domino noſtro
confitemur, non quidem ut ignaro, ſed quatenus
ſatisfactio confeſſione diſponitur, confeſſione pænitentiæ
naſcitur, pænitentia Deus mitigatur. Tertul. de
pænit. cap. IX.

aus besonderer Gewalt geschehen. —
— Sie haben auch Todte erwecket,
so Gott allein zukömmt, und den
Schwachen die Kräfte wieder gegeben,
welches niemand als Christus gethan
hat. Sie haben schwere Strafen er-
gehen lassen, welches Christus nicht ge-
wollt; denn demjenigen geziemete nicht
scharf zu verfahren, welcher zu leiden
gekommen war. Ananias und Elimas
sind gestraft worden. Ananias mit dem
Tode; Elimas mit Blindheit, damit
auch dadurch an Tag gelegt würde,
daß Christus dergleichen hätte thun
können. Sie haben auch die Tödtung
des Propheten und den Ehebruch den
Bußfertigen vergeben. Weise mir auch
jetzt, mein Apostolischer, solche prophe-
tische Exempel; so will ich die Gött-
lichkeit erkennen; so magst du dir die
Macht, solche Verbrechen zu vergeben, zueignen; hast du aber dasjenige nur erhalten, was zur Zucht gehöret, und gebühret dir nicht mit Gewalt,
sondern mit Diensten vorzustehen; wer
bist du, und was willst du dir im Vergeben heraus nehmen? da du weder
ein Prophet, noch Apostel bist, da dir

B 5 die

die Kraft mangelt, die zur Vergebung
nöthig ist ꝛc. ꝛc. Dieses ist die Busse,
wenn wir dem Herrn unsere Sünde bekennen, nicht als wenn er es nicht wüßte, sondern weil die Genugthuung durch
die Beichte geordnet wird, durch die
Beichte die Busse entstehet, durch die
Busse Gott versöhnet wird. Allein ich bin
entfernet, diese Stelle zu meiner Absicht und zu
dieser meiner Abhandlung für einen Grundstein
anzunehmen; und welcher Katholik kann einem
Tertulian in allem sogleich Beyfall geben?

§. 21.

Auch das was bey dem alten Kirchenge-
schichtschreiber Sokrates, der Novatianer Ace-
sius spricht, nemlich die Vergebung der
Sünden sey nicht von den Priestern, sondern von Gott selbst zu erwarten, als
der da allein das Recht und die Gewalt habe, die Sünden zu vergeben, (k)
soll hierinn zu keiner Quelle dienen.

§. 22.

(k) Ἐλπίζα δὲ τῆς ἀφέσεος, μὴ παρὰ τῶν ἱερέων,
ἀλλὰ παρὰ τῦ Θεῦ ἐκδέχεθαι, τῦ δυναμένυ καὶ
ἐξυσίαν ἔχοντος συνχωρεῖν ἁμαρτήματα Hist.
Eccles. L. I. cap. 10.

§. 22.

Viel lieber berufe ich mich gleich auf dieses, was der Heil. Cyprian von jenen Sündern
und Büssern geschrieben, die in der Kirche die
Rekonsiliation erhalten haben: Gott kann sich
denen gütig erweisen, die Busse über
ihre Sünden thun; Gott kann das
gutheissen, was die Blutzeugen für solche Büsser begehret, und was ihnen
die Bischöfe auf ihre Fürbitte verlie-
hen haben. — Niemand betrüge sich
selbst — Gott allein kann sich erbar-
men; Gott allein kann die Sünden
vergeben, die wider ihn begangen
worden — der Mensch kann nicht über
Gott seyn und der Knecht kann das
nicht nachlassen, was mit schwerem
Verbrechen wider den Herrn begangen
worden. Der Herr ist zu bitten, der
Herr ist mit Busse zu versöhnen — Welche von ganzem Herzen Buße gethan,
und gebeten haben, in die Kirche aufgenommen zu werden, müssen unter dessen
aufgenommen und übrigens Gott vor-

be-

behalten werden, der bey seiner An-
kunft dieselben richten wird. (e)

§. 23.

Deswegen kommen alle Jahre bei
uns die Aeltesten und Fürsteher zu-
sammen, damit in jenem, wofür wir von
Amtswegen zu sorgen haben, und wenn
etwas erhebliches vorkömmt, nach ge-
meinschaftlicher Ueberlegung die nöthi-
gen Verfügungen getroffen werden;
und

(l) *Nemo se fallat, nemo se decipiat; solus Dominus mi-
sereri potest. Veniam peccatis, quæ in ipsum commis-
sa sunt, solus potest ille largiri — homo Deo esse
major non potest; nec remittere, aut donare indul-
gentia sua servus potest, quod in Dominum delicto
graviore commissum est — Dominus orandus est,
Dominus nostra satisfactione placandus est — Qui ex
toto corde pænituerint et rogaverint, in Ecclesiam de-
bent interim suscipi, et in ipsa Domino reservari,
qui ad Ecclesiam venturus de illis utique, quos in
ea intus invenerit, judicabit —* Cyprianus de lapsis
Ep. 32. Ep. 55 Ep 56 — Sieh meine Abhandlung, Was ist der Ablaß? §. 37.

und damit auch unsere Brüder, die in Sünden gefallen sind, die Anleitung erhalten, wie sie bei Gott Gnade erlangen sollen; nicht, als ob wir ihnen die Sünden vergäben, sondern damit sie durch uns in die Erkenntniß ihres sündhaften Standes geführet, hierdurch die Nothwendigkeit einsehen, wegen Gott ernsthafte Busse zu thun, sagt der heil. Firmilian (m)

§. 24.

Basilius endecket seine Gedanken über Davids Seufzer mit folgenden Worten: Ich bekennen

---

(m) *Qua ex causa necessario apud nos sit, ut per singulos annos seniores et præpositi in unum conveniamus ad disponenda ea, quæ curæ nostræ commissæ sunt: ut, si qua graviora sunt, communi consilio dirigantur: lapsis quoque fratribus, et post lavacrum salutare a diabolo vulneratis per pænitentiam medela quæratur; non quasi a nobis remissionem peccatorum consequantur,* sed ut per nos ad intelligentiam delictorum suorum convertantur et Domino plenius satisfacere cogantur. apud Cyprian. Ep. L. XXV.

kenne nicht mit den Lippen, daß ich
mich vielen kund machte; sondern inwen=
dig in dem Herzen, mit verschlossenen
Augen, dir allein, der in das Verbor=
gene siehet, zeige ich meine Seufzer
und ächze in mir selbsten. Denn ich
brauchte nicht viel Worte zur Beicht
oder zur Busse. Die Seufzer meines
Herzens waren genug, zur Beicht, und
darum war es genug, daß ich die Kla=
gen aus innerster Seele zu dir mein
Gott abschickte (n).

§ 15.

Ambrosius schreibt von den Thränen Pe=
tri: die Thränen tilgen die Sünde, so
man zu beichten und zu bekennen Scheu
trägt

(n) Basilius opp. T. I pag. 208. C. Ου γὰρ ἵνα
τοῖς πολλοῖς φανερὸς γένωμαι, τοῖς χείλεσιν ἐξομο=
λογῦμαι ἔνδον δὲ ἐν αὐτῇ τῇ καρδία τὸ ὄμμα μύ=
ων σοι μόνῳ τῷ βλέποντι τὰ ἐν κρυπτῷ, τὰς ἐν ἐμαυ=
τῷ στεναγμὰς ἐπιδεικνύω, ἐν ἐμαυτῷ ὀδρόμενος. ὐδε
γὰρ μακρῶν μοι λόγων χρεία τῷ πρὸς τὴν ἐξομολόγη=
σιν. σπίκρον γαρ οἱ στεναγμοὶ τῆς καρδίας με π,ὸς
ἐξομολόγησιν, καὶ οἱ ἀπὸ βάθεις ψυχῆς πρὸς σε τὸν
Θεὸν ἀναπεμφόμενοι ὀδυρμοί.

trägt. Die Thränen sind in Ansehung
der Vergebung und der Schamhaf=
tigkeit dienlich; ohne Verletzung
der Schamhaftigkeit bekennen sie
die Schuld, und ohne Gnade zu begeh=
ten verdienen sie dieselbe. Petrus hat=
te Reue und weinte, nachdem er als
Mensch gefehlet hatte. Ich finde nicht,
was er gesagt hat, ich finde, daß er
geweint hat. Von seinen Thränen lese
ich. Von einer Genugthuung lese ich
nicht. Was nicht entschuldiget werden
kann, kann doch abgewaschen werden. (o)

§. 26.

So oft du gesündiget, sind die Worte
des heil. Chrysostomi, habe Reue über
deine Sünde und verzweifle nicht —
Gott

(o) Lavant lacrimæ delictum, quod voce
pudor est confiteri. Et veniæ fletus consulunt,
& verecundiæ. Lacrimæ sine offensione verecundiæ confitentur. Lacrimæ veniam non po-
stulant, sed merentur — — Petrus doluit &
flevit, quia erravit ut homo. Non invenio,
quid dixerit; invenio, quod fleverit. Lacrimas
ejus lego. Sed quod defendi non potest, ablui
potest. in Cap. XXII. Lucæ.

Gott allein sag deine Sünde und sprich:
an dir allein hab ich gesündiget und unrecht vor dir gethan, und es wird dir
deine Sünde vergeben — Paulus sagt:
der Mensch aber prüfe sich selbst; und
also esse er von diesem Brod, und trin-
ne aus diesem Kelche. Er hat nicht
die Wunde geoffenbaret, er hat nicht
vor der Gemeinde sich angeklagt. Er
hat nicht Zeugen des Verbrechens auf-
geführet, inwendig im Gewissen, da niemand als Gott zugegen, stelle das Gericht an; überlege das ganze Leben und
die begangenen Sünden. Aendre dich
sodann in dem, was du verbrochen hast,
und also geh zu diesem Tisch mit reinem
Gewissen. (p)

§. 27.

_____

(p) *Quoties peccaveris, peccati poeniteat, neque desperes,*
— Deo soli dic peccatum tuum: tibi soli peccavi &
malum coram te feci, & dimittitur tibi peccatum tuum,
Hom. L. X. welche die neunte de pœnit: ist —
Paulus dicis, probet autem se unusquisque, & sic de
pane comedat, atque de calice bibat. Non revelavit
ulcus, non in commune theatrum accusationem pro-
duxit, non delictorum testes statuit; intus in scientia
nemine præsente præter Deum, qui cuncta vides,
fac judicium & peccatorum inquisitionem, & vitam

§. 27.

Der heil. Augustin schreibt über
die Worte Davids: ich sprach, ich will
dem Herrn meine Uibertretung bekennen, da vergabest du mir die Missethat
meiner Sünden, folgendes: Ich sprach;
was sprachst du? Er hat nichts gesagt,
sondern verspricht nur, daß er es sagen
wollte, und er vergiebt ihm dennoch
schon. Merket auf ihr Brüder! es ist
eine wichtige Sache. Es saget David:
Ich will bekennen. Er saget nicht ich
habe bekennet, und du hast mir vergeben. Er saget: Ich will bekennen, und
du hast mir vergeben; Denn, indem er
gesprochen: ich will bekennen, so zeiget er
an, daß er solches noch nicht gethan, aber
in dem Herzen hatte er schon bekannt.
Dieses aber, da er saget: Ich will beken-

C   nen

omnem recogitans in mentis judicium peccata deducito.
Reforma quod deliquisti, atque sic pura conscientia
sacram attinge mensam Hom. L. VI. oper tom. I.

nen, ist das Bekenntniß; darum vergabst du auch mir die Missethat meiner
Sünden. Meine Bekenntniß aber war
noch nicht in dem Munde. Ich sagte:
ich will wider mich bekennen; aber Gott
hat die Stimme meines Herzens schon
gehöret. Meine Stimme war noch
nicht durch den Mund gedrungen, aber
Gottes Ohr war schon in meinem Herzen. (q)

§. 28.

(q) In Psalm. XXXII. *Dixi, Quid dixisti? Non jam
pronuntias, sed promittis se pronunciaturum, & ille
jam dimitit. Attendite fratres! Magna res. Dixit, pronuntiabo. Non dixit pronuntiavi, & tu
dimisisti. Dixit pronuntiabo, & tu dimisisti, quia
ex ipso, quod dixit, pronuntiabo, ostendit, quia
nondum pronuntiaverat sed corde pronuntiaverat.
Hoc ipsum dicere: pronuntiabo, pronuntiare est.
Ideo & tu remisisti impietatem cordis mei. Confessio
vero mea ad os nondum venerat. Dixeram enim: Pronuntiabo adversum me: verumtamen Deus audivit
vocem cordis mei. Vox mea in ore nondum erat,
sed auris Dei jam in corde erat.*

§. 28.

Der Kirchenrath zu Chalons (r) bediente
sich folgender Worte: Einige sagen: man
dürfte nur Gott allein beichten; einige
meinen, man müßte auch dem Priester
beichten, welches beydes nicht ohne grof=
sen Nutzen in der Kirche geschiehet; al=
so, daß wir Gott, der der Vergeber der
C 3   Sün=

(r) Concil. Cabillonens. II. Can. 32 Quidam Deo
solummodo confiteri debere dicunt peccata; qui=
dam vero facerdotibus confitenda effe percenfent;
quod utrumque non fine magno fructu intra
fanctam fit Ecclefiam; ita duntaxat, ut & Deo,
qui eft remiffor peccatorum, confiteamur pec=
cata noftra, & cum David dicamus: delictum
meum cognitum *tibi feci & injuftitiam meam
non abfcondi* Dixi: *Confitebor adverfum me injus-
titias meas domino, & tu remififti impietatem peccati mei.* Es fecundum inftitutionem Apoftoli: *Confiteamur alternurum peccata noftra, & oremus pro
invicem, ut falvemur.* Confeffio itaque, quæ Deo
fit, purgat peccata, ea vera quæ facerdoti fit, docet
qualiter ipfa purgentur peccata. Deus namque fa-
lutis & fanitatis author, & largitor plerumque hanc
præbet fuæ potentiæ invifibili adminiftratione; plerumque medicorum operatione.

Sünden ist, unsere Sünden bekennen, und mit David sagen: Ich habe dir meine Uibertretung bekannt,
und meine Ungerechtigkeit nicht verborgen. Ich sprach: ich will dem
Herrn meine Uibertretung bekennen,
da vergabst du mir die Missethat meiner Sünden. Und nach der Anordnung
des Apostels sollen wir einander unsere
Sünden bekennen und bitten, damit
wir selig werden. Die Beichte also,
die Gott geschieht, reiniget von Sünden; die aber dem Priester geschieht,
lehret uns, auf was Weise die Sünden gereiniget werden können. Denn
Gott, der des Heils, und der Gesund-
heit Urheber und Geber ist, schenket
solche bald auf eine unsichtbare Weise
seiner Macht, bald durch Hilfe der
Aerzte.

§. 29.

Deßwegen schreibt auch Hieronymus: Wenn
der Satan jemand zu einer Sünde ver-
leitet, und derjenige, so solche begangen,
                                    thut

thut nicht Buſſe, weigert ſich auch die
Wunde ſeinem Bruder und Meiſter zu
entdecken, ſo iſt nicht möglich, daß der
Meiſter, der ſonſt geſchickt iſt zu helfen,
dergleichen bewirken könne (s) und erklärt ſo denn über die Worte Chriſti: Ich will
dir des Himmelreichs Schlüſſel geben ſeine
Gedanken folgendermaſſen: Biſchöfe und Ael-
teſte, welche dieſe Worte nicht recht
verſtehen, äuſſern einen phariſäiſchen
Hochmuth, indem ſie in der Meinung
ſtehen: ſie könnten nach Willkühr ver-
dammen und freyſprechen, da es doch
bey Gott nicht auf den Ausſpruch der
Prieſter, ſondern den Lebenswandel
derer, ſo für ſchuldig erkläret worden,
allein ankömmt. Die Ausſätzigen haben ſich dem Prieſter zeigen müſſen,
damit er erkennete, ob ſie unrein wären?

E 3   die-

(s) Si quem ſerpens diabolus occulte momorderit & mul-
lo conſcio eum pecati veneno infecerit, ſi tacuerit,
qui percuſſus eſt, & non egerit pænitentiam, nec vulnus ſuum fratri & magiſtro voluerit confiteri, ma-
giſter qui linguam habes ad curandum, facile ei
prodeſſe non poteris. Si enim erubeſcat ægrotus,
vulnus medico confiteri, quod ignorat medicina, non
curas. Comment. in Eccleſiaſt. Cap. X.

dieſes iſt nicht deßwegen geſchehen, als
wäre in des Prieſters Willen geſtanden,
jemand unrein zu machen. Sondern
weil er die Geſchicklichkeit gehabt, zu
erkennen: ob er auſſätzig oder nicht? ob
er rein oder unrein? Wie nun ehehin der
Prieſter jemand rein oder unrein geſpro-
chen, ſo bindet und löſet auch jetzo ein Bi-
ſchof und Aelteſter, aber nicht unſchuldige
oder ſchuldige; ſondern dieſe, von welchen er Amtshalber die mancherley Ar-
ten der begangenen Sünden vernommen,
und alſo weiß, wer zu binden oder
zu löſen ſey (t) §. 30.

(t) Illum locum Episcopi & Presbyteri non intelligen-
tes aliquid ſibi de Phariſæorum aſſument ſupercilio,
ut damnent innocentes, vel ſolvere ſe noxios arbitren-
tur; Cum apud Deum non ſententia ſacer-
dotum ſed reorum vita quæratur. Legimus in Le-
vitico de leproſis, ubi jubentur, ut oſtendant ſe ſacer-
dotibus; & ſi lepram habuerint, tunc a ſacerdote
immundi fiunt, non quod ſacerdotes leproſos faciant
& immundos; ſed quod habeant notitiam leproſi, &
non leproſi, & poſſint diſcernere qui mundus quive
immundus ſit. Quomodo ergo ibi leproſum ſacerdos
mundum vel immundum facit, ſic & hic alligat,
& ſolvit Episcopus & presbyter, non eos qui ſunt
inſontes vel noxii, ſed pro officio ſuo, cum peccatorum audierit varietatem, ſcit, qui ligandus ſit,
quive ſolvendus. Comment. in Math. Cap. XVI.

§. 30.

Beda mit dem Beynamen *Venerabilis*
giebt gleichfalls hierinn helles Licht mit diesen
Worten. (u) Der Herr hat Niemand,
dem er an dem Leibe Hülfe geleistet,
zu den Priestern geschicket, als die Aus-
sätzigen: Weil vielleicht das Priester-
thum der Juden ein Vorbild war des
zukünftigen königlichen Priesterthums,
welches in der Kirche ist, dadurch alle,
die zum Leibe Christi, des höchsten und
C 4 wah-

(u) *Nullum Dominus eorum, quibus hæc corporalia
beneficia præstitit, invenitur misisse ad sacerdotes nisi leprofos, quia videlicet sacerdotium Judæorum fi-
gura erat sacerdotii futuri regalis, quod est in Ecclesia, quo consecrantur omnes pertinentes ad corpus
Christi, summi & veri principis sacerdotum. Et quis-
quis vel hæretica pravitate vel superstitione gentili vel
judaica perfidia vel etiam schismate fraterno quasi va-
rio colore per Christi gratiam carueris, necesse est,
ad ecclesiam veniat coloremque fidei verum, quem
acceperas, ostendat. Cetera vero vitia tanquam
valetudinis & quasi membrorum atque sensuum per
semetipsum interinn in conscientia & intellectu dominus sanat & corrigit.* Tom. VII. pag. 70.

wahren Hohenpriesters, gehören, ein=
geweihet werden, und bey wem keine
Ketzerey, heidnischer Aberglaube, jüdi=
sche Untreue, brüderliche Spaltung
durch die Gnade Christi mehr anzutref=
fen, dem ist nöthig, daß er zur Kirche
komme, und die wahrhafte Farbe des
Glaubens, so er empfangen, zeige. Die
übrigen Laster aber, so als Krankheiten
der Glieder und Sinne anzusehen sind,
heilet und bessert der Herr durch sich selbst
in dem Gewissen und Verstande.

§. 31.

Wie sehr Väter und Kirchenräthe besorget
gewesen, eben darum, weil Gott verheissen hat,
sich durch die Busse besänftigen zu lassen, so we=
nige sich aber zur Busse recht anzuschicken wußten
(§. 23. not. m.), den Sündern die Anlei=
tung zur Buße nicht nur durch Bußgesetze son=
dern auch durch Seelenärzte, die in solcher
Anleitung bewandert sind, zu geben, erhellet aus
dem, daß sie bemühet gewesen, solche taugliche
Seelenärzte den Sündern zu verschaffen, und zu=
gleich in Ansehung der zu erwählenden Seelenärzte
die

die heilsamsten Ermahnungen gegeben haben. Mit Bekennung der Sünden sagt Basilius, hat es gleiche Beschaffenheit, als mit dem Leibesfieber. Wie nun diese nicht allen Menschen, sondern nur denjenigen offenbaret werden, welche wüßten, wie man solche heilen müßte, so muß man auch denen die Sünden bekennen, welche solche heilen können. Auf solche Art wie geschrieben steht: Ihr, die ihr etwas stärker seyd, übertraget die Schwachheiten der Unvermögenden, das ist, helft dieselben mit Fleiß und Sorgfalt heben. (v.)

E 5 §. 32.

(v) *Omnino in peccatorum confessione eadem ratio est, qua etiam in opertione vitiorum corporis. Ut igitur vitia corporis nequaquam homines quibusvis temere operiunt, sed iis tantum, qui rationem, qua ea curanda sint teneant; eodem modo etiam peccatorum confessio fieri debet, apud eos videlicet, qui ea possint curare:* Consentaneum in modum illi, *quod scriptum est:* vos, qui firmiorum estis, imbecillitates infirmorum portate, *hoc est:* tollite diligentia & cura vestra. *in Regul. brevior. Resp. ad inter. 229.*

§. 32.

Siehe zu, sagt auch Origenes (x), was
uns die Schrift lehret, daß man die
Sünde nicht in sich behalten, oder ver-
tus

(x) *Vide ergo, quid edocet nos scriptura divina,
quia oportet peccatum non celare intrinsecus. Fortassis enim, sicut ii, qui habent intus inclusam escam
indigestam aut humoris vel phlegmatis, stomacho gra-
viter & molester imminentia, si vomuerint, reve-
lantur; ita etiam hi, qui peccaverunt, si quidem
occultant & retinent intra se peccatum, intrinsecus
urgentur, & propemodum suffocantur a phlegmate vel
humore peccati. Si autem ipse sui accusator fiat, dum
accusat semetipsum, & confitetur, simulque evomit &
delictum, atque omnem morbi digerit causam.
Tantummodo circumspice diligentius, cui debeas confiteri peccatum tuum* Proba prius
medicum, *cui debeas causam languoris ex-
ponere, qui sciat infirmari cum infirmante; flere
cum flente, qui condolendi & compatiendi noverit
disciplinam, ut ita demum, si quid ille dixerit, qui
se prius & eruditum medicum ostenderit, &
misericordem si quid consilii dederit, facias
& sequaris. Si intellexerit & praeviderit talem esse
languorem tuum, qui in conventu totius Ecclesiae ex-
poni debeat & curari, ex quo fortassis & ceteri adi-*

tuschen soll. Denn, gleichwie diejenigen, welche eine unverdauliche Speise,
oder Feuchtigkeit, oder Phlegma, das
dem Magen schädlich ist, in sich haben,
wenn sie solches herausgebrochen, Lin-
derung empfinden; so ist es auch mit
denjenigen beschaffen, welche gesündiget, wenn sie die Sünden verbergen
und in sich behalten, so werden sie in-
nerlich geängstiget, und fast von dem
gähen Wesen, und Feuchtigkeit der
Sünde ersticket. Wenn man sich aber
selbst anklaget, so wirft man, indem
man sich verklaget, und bekennet, die
Sünde aus, und nimmt zugleich alle
Ursache der Krankheit hinweg. Schau
nur aber wohl zu, wem du deine Sünden bekennen sollst. Erforsche zuvor den
Arzt, welchem du die Ursache deiner
Krank-

ficari poterunt & su ipse facile sanari. hom. II.
in ps. XXXVII. Est adhuc & septima licet du-
ra & laboriosa per pænitentiam remissio peccatorum,
cum lavat peccator in lacrimis stratum suum & sinit
si lacrimæ suæ panis die ac nocte, & cum non eru-
bescit sacerdoti domini indicare pecatum suum
& quærere medicinam. in Lev. hom. II.

Krankheit offenbahren sollst, der da weiß
mit den Schwachen schwach zu seyn,
mit den Weinenden zu weinen, der
Mitleiden und Geduld hat: Sodann,
wenn er sich als einen erfahrenen Arzt
erwiesen, wenn er sich barmherzig gezei-
get, so thu und folge, wenn er etwas
sagt, und dir einen Rath mittheilet.
Vielleicht erkennet er, und siehet zum
voraus, deine Krankheit sey also beschaffen, daß man es der ganzen Gemeinde kund thun, und daß sie daselst
geheilet werden müsse, dadurch vielleicht
auch andere erbauet werden können, und
du leichter geheilet wirst. Es ist noch
eine Art der Vergebung der Sünden;
aber mittelst der Buße streng und müh-
sam; der Sünder wasche sein Lager
mit Thränen, und seine Speise werde
Thränenbrod, und er scheue sich nicht
dem Priester des Herrn seine Sünde zu
bekennen, und Hilfe zu suchen. Aus
diesen Stellen, welche von der damals üblich gewe-
senen öffentlichen Buße handeln, sieht man also,
daß die Väter ermahnet haben von einem beschei-
denen und erfahrnen Manne sich die Anleitung
und Unterricht zur Kirchenbuße geben zu lassen, um
durch eine solche Buße auch Gott zu besänftigen;
bey

bey dem Priester des Herrn Heilungsmittel zu suchen. (y)

§. 33.

So lesen wir auch bey Theodulfo (z) Die
Beichte, welche dem Priester geschieht,
die-

(y) Da ein Beichtvater Richter, Arzt, und geistli-
cher Rath seyn soll, ein dreyfaches Amt,
das eben so schwer als wichtig ist, das einen Mann
fordert, der die gehörige, das ist: eine gründliche
Wissenschaft, sowohl der natürlichen, als von Gott
geoffenbarten Sittenlehre besitzt, welche aber beide
das Vernunftrecht, die Gottesgelehrheit, und das
Kirchenrecht zu ihren Hauptgrundfesten haben, einen Mann von besonderer Klugheit, und gesetzten
Tugend, so schaudert einem die Haut, wenn man
in manche Beichtstühle der Mönche, welche nur geschwind geweiht und mit einer Kasuistik versehen worden, um dem Kloster durch Meßelesen und Beichthören bald nützlich zu werden, hineinsieht.

(z) *Confessio, quam sacerdoti facimus, hoc nobis ad-
miniculum adfert, quo accepto ab eis salutari consilio saluberrimis pænitentiæ observationibus, sive mutuis
orationibus, peccatorum maculas diluimus. Confessio
vero quam soli Deo facimus, in hoc juvat,
quia quanto nos memores sumus peccatorum nostrorum,
tanto horum dominus obliviscitur, dicente propheta:
Et peccatorum tuorum non memorabor* Cap.
30. Tom II. Conc. gall. pag. 219.

dienet dazu, daß wir von ihm einen
heilſamen Rath empfangen, und durch
Beobachtung der heilſamen Buße oder
gemeinſchaftlichen Gebete die Sün=
den tilgen. Die Beichte aber, die Gott
allein geſchieht, hilft dazu, daß jemehr
wir unſerer Sünden eingedenk ſeyn, je=
mehr vergißt Gott derſelben. Im
Gegentheile, jemehr wir ſolche vergeſ=
ſen, jemehr gedenket Gott derſelben,
nach dem Ausſpruche des Propheten:
Und ich will deiner Sünden nicht geden=
ken.

§. 34.

Um diejenigen, welche in Rückſicht auf die
Buße einer Anleitung bedürfen, nicht ohne Er=
mahnung, Rath und Hilfe zu laſſen, verordnete
noch in der Mitte des neunten Jahrhunderts ein
Kirchenrath zu Pavia folgendes: (a) Die Erz=
priе=

(a) *Oportet ut plebejum archipresbyteri per ſingulos
unumquemque patrem familias conveniant, quatenus
ſam ipſi, quam omnes in eorum domibus commo=
rantes, qui publice crimina perpetraverunt, publice*

prieſter ſollen Haus für Haus beſuchen,
und alle, die öffentlich geſündiget, zur
öffentlichen Buße anhalten. Die aber
Sünden in Geheim begangen, ſollen
ſolche denjenigen bekennen, welche die
Biſchöfe oder Erzprieſter als geſchickte
Aerzte der verborgenen Wunden der
Seele auserleſen. Wenn dieſe ſich in
die Sache nicht zu finden wüßten: ſollen
ſie

---

pœniteant. Qui vero occultæ deliquerunt, illis con-
fiteantur, quos Episcopi & archipreſbyteri idoneos;
ad ſecretiora vulnera mentium medicos elegerint; qu.
ſi forſitan in aliquo dubitaverint, Epiſcoporum ſuo
rum non diſſimulent implorare sententiam. Si vero
Episcopus hæſitaverit, non aſpernetur conſulere vici-
nos Epiſcopos, & ambiguam rem alterius aut certe
duorum vel trium fratrum examinare confeſſu. Quod
ſi adeo aliqua obſcuritate vel novitate perplexa res
fuerit, ſi quidem diffamatum certæ perſonæ ſcelus eſt,
Metropolitani & provincialis Synodi palam sententia
requiratur, ut illud impleatur Apoſtoli: Peccantes
publice argue, ut & ceteri metum habeant. Si
autem occulta confuſio eſt, & is, a quo quæritur ſa-
lutis conſilium explicare non ſufficit, poteſt, ſuppreſ-
ſo facinoroſi nomine, qualitas, quantitasque peccati
diſcuti & congruus correctioni modus inveniri. Concil. Regiaticin. de anno DCCCL. Can. 6.
apud Bin. Concil. Tom. III. P. I. Sect. z.
pag. 380.

sie ihre Bischöfe um Rath fragen. Wüßs
te ein Bischof nicht was zu thun sey,
solle er anderer Bischöfe Meinung ver-
nehmen und durch zwey oder drey die
Sache entscheiden lassen. Wäre dieselbe allzuverwirret, und beträfe eine
besondere Missethat, solle man es an
den Erzbischof und Synodum der Pro-
vinz gelangen lassen, um den Sünder
öffentlich zu strafen und schüchtern zu
machen. Sey aber alles, was geschehe-
hen, verborgen, und derjenige, so da
Rath geben sollte, wüßte sich nicht her-
auszuwickeln, so könne er den Namen
der Person verschweigen und nur die
Beschaffenheit und Grösse der Sünde
berichten, damit die Buße darnach ge-
setzt würde. So mühsame Anleitung zu er-
sparen, gaben viel ganze Aufsätze von Bußregeln,
Bußbüchern, Schriften von Lastern, Tugenden,
Genugthuungen, Mitteln, oder von dem Büssen
heraus. (b)

§. 35.

(b) Dahin zielen die Schriften des Rabani Mauri.

§. 35.

Die Väter und Kirchenvorsteher der ersten
Zeiten waren freylich in keiner solchen Verlegen=
heit, weil angeführter massen die damaligen Chri=
sten, öfters auch jene, welche ohne Verbrechen
waren, sich der öffentlichen Buße und den bestimm=
ten Bußregeln freywillig unterwarfen; so wie oh=
nehin Niemand hiezu gezwungen worden, und die
öffentlichen Sünder bey Unterlassung solcher Buße,
nur die Ausschließung von der christlichen Gemein=
de und dem gemeinschaftlichen Gottesdienste; die
heimlichen Sünder aber äusserlich gar nichts zu er=
fahren hatten (§. 14. 15. 16. 17.); und zu
dem hielten selbst die Väter der ersten christlichen
Jahrhunderte viel sorgfältiger auf die Beybehal=
tung der Kirchenbußen und der damals üblichen
Buß = und Bekenntnißart. Der dieses nicht be=
merket oder in der Geschichte der damaligen Zei=
ten unbewandert, vielleicht es gar nicht einsieht,
dieser erkennt freylich nicht, was Jrenäus, (c)

D   Ter=

(b) adv. hæres lib. 1. Cap. 6. §. 3. Cap. 18.
§. 5. §. 7. lib. 3. Cap. 4. §. 3. &c.

Tertullian (d), Origenes (e), Cyprian (f), Lacktan-
tius (g), Ambrosius (h), Pacianus (i). Caßianus
(k); Julianus Pomerius (l) für eine Buße und
Sündenbekenntniß verlangen; Und solche Lehrer
inci-

(d) De pœnit. Cap. IX. de Pudicit. Cap. V.
& IX.

(e) Hom. III. in levit. wo er von derjenigen Beichte redet, von welcher Esaias cap. 43. 26. und David Pf. 32, 5. handeln.

(f) De lapsis; allwo Cyprian die Gefallenen das ist, die
vom Glauben abgefallen sind, und denen er stantes
die Stehenden entgegen setzet, ermahnet, ihren
Abfall zu bekennen, und ihnen zeigt, auf was Weise
sie den verlornen Kirchenfrieden oder die Kirchen-
gemeinschaft wieder erlangen können. Weiter Epist.
XV. XVI. XVII. XXX. L. V. L. VII. Ferner
Ep. L. XXIII. & L.XXV. allwo auch von der Verae-
bung der Sünden, welche in der Taufe geschieht, ge-
handelt wird.

(g) Div. inst. L. IV. cap. 17. d. 30. wo Lactantius
hauptsächlich von Novatianern redet. vide Not. Jos.
Isaei ad Lact. IV. cap. 30.

(h) De Pœnit. L. II. cap. 2. 3. 9. die Novatianer
glaubten: wenn jemand nach der Taufe in grobe Sünden gefallen, wegen welcher man ihm die Gemeinschaft verweigern müßte, diesen könne die Kirche nicht
wieder aufnehmen.

(i) In Pæxæn. ad pœnit.

(k) Collat XX. cap. 8.

(l) De vit. contempl. L. II. cap. 7.

meinen daher etwas heutiges oder fpäteres fchon
in dem Alterthum anzutreffen, was doch grund-
gelehrte nicht minder fromme Katholiken entweder
gar nicht, oder ganz anders dafelbft antreffen (m).
Nach damaliger Bußart war auch von der Befchaf-
fenheit der Sünden ein ganz anderer Begriff.
Läßliche Sünden (peccata venialia) wurden
keineswegs in jenem Verftande genommen, welchen die fpäteren Cafuiften nach der Hand mit vielen Gränzftreitigkeiten haben ausmarken wollen, fondern man verftund unter läßlichen Sünden
folche, wegen welcher man nicht angeftrenger worden öffentlich Buße zu thun. (n)

§. 36.

Gar viele mußten in jenen Zeiten, in welchen
die Bußgefetze fo ftreng beobachtet worden, ohne

D 2   Re-

(m) Vid. Petavius Not. ad Epiph. hæref. L. IX. Morinus de pœnit. L. VI. cap. 6. fequ. Baliamo ad
can. 102. Concil. toul. apud Perevegium in
Pandect. Concil. Eccles. græc. tom. I. pag. 281.
Rabanus de Inftit. Cler. Lib. II. cap. 30. Rigaltius ad Tertul. de pœnit. cap. XI. Albaspinæus de
Rit. Eccles L. II. obf. 26.
(n) Mabill. in Præf. ad Sec. III. Act. Benedict. obf.
XXIV. N 91.

Rekonziliation sterben, (o) ohne daß man deßwegen glaubte, solche seyen auch auf ewig verloren; weil die Rekonziliation mit der Kirche sorgfältig von der Rekonziliation mit Gott unterschieden wurde. Und es konnte ja auch geschehen, daß einige Kirchenvorsteher manchmal aus Unwissenheit jemanden die Rekonziliation versagten. Von derley Fällen schreibt der heil. Augustin (p) mit folgenden Worten: Was schadet es auch dem Christen, daß ihn die menschliche Unwissenheit in dem Verzeichnisse der Christen nicht lesen will, wenn ihn nicht das böse Gewissen aus dem Buche der Lebendigen tilget.

§. 37.

So wenig als sich die damaligen Kirchenvorsteher und Priester von jedem Christen die Sünden

---

(o) Euseb. Hist. Eccl. L. VI. cap. 44. S. Basilius Epist. can. 3. ad Amphil. can. 56. can. 2. synod. sard. Conf. Van Espen P. II. S. I. t. x. & in schol. ad synod. sard. cap. 2. Morinus L. 9. c. 19.

(p) Qnid obest homini Christiano, quod in illa tabula non velit eum recitare humana ignorantia, si eum de libro viventium non delet iniqua conscientia. c. 50. XI. q. 3.

ben zu dem Ende herzehlen ließen, damit sie nach
Anhörung derselben, nach solchen Ermahnungen,
die zum Beyspiele von Zurückstellung des gestohle-
nen und ungerechten Gutes, von der Zurückstellung
der verläumdeten Ehre, von Meidung übler Gesellschaft und sündhaften Gelegenheit ohnehin schon
beym christlichen Unterrichte jedermann gegeben
worden, nach bloßer ausgesprochenen Reu und
Leid, und nach auferlegten fünf Vater unser,
auch so gleich die Absolution ertheilen könnten; so
wenig durften auch die, welche zu diesen Kirchen-
vorstehern und Priestern giengen, eine andere Absicht haben, als sich angemessene und sichere Heilungsmittel in Ansehung der entdeckten Seelenwunden, und die Anleitung zur Buße, das ist die
Bestimmung solcher Bußwerke zu holen, nach deren Verrichtung sie erst in Hofnung,
daß auch Gott wegen seiner Barmher-
zigkeit und Verheissung sie zu Gnaden
aufnehmen werde, die Rekonziliation
erhalten konnten. Einige sagt Ambrosius
(q) treten die Buße darum an, daß sie
D 3   gleich)

(q) *Nonnulli ideo poscunt pœnitentiam, ut statim sibi red-
di communionem velint; Hi non tam se solvere cupi-
unt, quam sacerdotem ligare. Suam enim conscientiam
non exuunt, & sacerdotis induunt, cui praeceptum*

gleich wieder in die Gemeinschaft wollten aufgenommen werden; diese suchten nicht so wohl gelöset zu werden, als
vielmehr den Priester zu binden. Ihr
Gewissen schütteten sie nicht aus, sondern wollten alles auf des Priesters
Gewissen ausstellen, dem doch gesagt ist:
ihr sollt das Heilige nicht den Hunden
geben, noch die Perlen vor die Schwei-
ne werfen. — Viele suchen, aus Furcht
der künftigen Strafe, wegen begange-
ner Sünden die Buße anzutreten, wenn
sie aber dazu gelassen werden, schämen
sie sich öffentlich um Verzeihung zu bitten — Dieses ist nicht zu dulden, daß
du dich scheuest Gott zu bitten, da du
dich nicht scheuest die Menschen zu bitten. Sollst du denn Bedenken tragen
bey

---

est: nolite sanctum dare canibus, neque miseritis
margaritas vestras ante porcos, de Pœnit. Lib. II.
cap. 9. Plerique futuri supplicii metu peccatorum
suorum conscii pænitentiam petunt, & cum acce-
perint, publico supplicationis revocantur pudore, ibid.
— An quisquam ferat, ut erubescas Deum rogare,
qui non erubescis rogare hominem? Es pudeat se Deo
supplicare, quem non lares, cum te non pudeat, peccata sua homini, quem lates confiteri. ibid.

bey Gott dergleichen zu thun, dem du
dich doch nicht bergen kannst, da du
kein Bedenken trägst einem Menschen,
dem deine Sünden verborgen sind, dieselben zu bekennen. Ambrosius war also nicht
so geschwind mit der Rekonziliation; er war nicht
sogleich mit einer nur aus Verlangen nach der
christlichen Gemeinschaft, oder aus Furcht der
Strafen angetretenen Buße, und mit einer dem
Menschen gemachten Bekänntniß der Sünden zu-
frieden. Er sah auf jenes, was nach damaligem
Bußgebrauche in Ansehung der Kirche erforderlich
war, und auf jenes, durch welches man sich be-
streben mußte, der Vergebung der Sünden auch
bey Gott würdig zu machen.

§. 38.

Der Presbyter Pœnitentiarius oder
Beichtältister, von welchem Sokrates redet,
(r) bereitete hauptsächlich diejenigen, welche sich
wieder zur Kirche durch Buße wenden wollten, und
gab ihnen die nöthige Anleitung die Rekonziliation

D 4

bey

(r) Hist. Eccles. L. IV. cap. 19.

bey dem Bischofe oder den hiezu bestellten Priestern zu erlangen. (s)

§. 39.

In der Mitte des fünften Jahrhunderts mach=
te Pabst Leo I. folgende Verordnung (t): Auch
das=

(s) *Profecto tempore primitivæ Ecclesiæ pœnitentiarius*
Presbyter, de quo loquitur Socrates, pœnitentes ad ve-
ram confessionem & pœnitentiam dirigebat, & ex-
hortabatur, qui postea ab illis sacerdotibus reconcilia-
bantur, & ad sacram synaxim admittebantur. Ricle-
rius Tom. II. def. sua cap. 3. num. 56. van Espen
P. II. S. I. tit. VI. §. 7. & sequ.

(t) *Illam etiam contra Apostolicam regulam præsum-*
tionem, quam nuper agnovi a quibusdam illicita usur-
patione committi modis omnibus constituo submoverine
de singulorum peccatorum genere libellis scrip-
ta professio publice reciperetur, cum reatus conscien-
tiarum sufficiat *solis sacerdotibus indicari* confessione secreta. *Quamvis enim plenitudo fidei videatur*
esse laudabilis, quæ propter Dei timorem apud homi-
nes erubescere non veretur; tamen, quia non omnium
ejusmodi sunt peccata, ut ea, qui pœnitentiam poscunt,
non timeant publicare. Removeatur tam improbabi-
lis consuetudo, ne multi a pœnitentiæ remediis arce-
antur dum aut erubescunt aut metuunt inimicis suæ
facta referari, quibus possint legum constitutione per-
celli. Sufficit enim illa confessio quæ primum

dasjenige, so wider den apostolischen
Gebrauch unternommen worden, und ich
neulich erst wahrgenommen, daß es von
einigen geschieht, befehle ich auf alle
Weise abzuschaffen, damit man ferner
nicht alle Sünden von einem Zettel öffentlich herlese, indem es genug ist, daß man
die Sünden den Priestern allein in Geheim offenbare.   Denn obwohl diese
Vollkommenheit des Glaubens lobens-
würdig scheint, welche, aus Furcht vor
Gott, sich öffentlich darzustellen keinen
Scheu trägt ; Jedoch weil nicht alle
Sünden so beschaffen, daß diejenigen,
welche Buße thun wollen, sich nicht
scheuen sollten, solche zu offenbaren,
so soll diese unbillige Gewohnheit ab-
geschafft werden, damit man nicht ihrer

D 5   vie-

*Deo offertur ; tunc etiam sacerdoti, qui pro
delictis pœnitentiam precator accedit. Tunc enim
demum plures ad pænitentiam poterunt provocari, si
populi auribus non publicetur sententia confitentis.* E-
pist, L. XXIV. welche bey anderen Auflagen die
LXXX. und in derjenigen die Quesnel herausgege-
ben hat, die CXXXIV. ist. apud Grat. L. 89. de
Pœnit. dist. I,

viele von den heilsamen Mitteln der
Buße abschrecke; indem sie sich entweder schämen, oder sich befürchten, ihre
Thaten möchten ihren Feinden kund
werden, und sie könnten dadurch den
Gerichten in die Hände fallen. Es ist
an derjenigen Bekenntniß genug, welche
erst Gott, und nachmals dem Priester
geschieht, der für die Sünden de: Bußfertigen mitbittet; Dann aber kann
man noch mehrere zur Buße anlocken,
wann dem Volke die Buße des Beichtenden nicht bekannt gemacht wird. Genug!
Gewiß ist, daß zu Zeiten der Apostel nicht gebräuch-
lich gewesen, in der versammelten Gemeinde seine
begangene Sünden dergestalt herzusagen, wie her-
nach dieses samt der öffentlichen Bußart eingeführet worden. Es ist auch sicher, daß, da auch
sogar nach eingeführten strengen Bußgesetzen aller
Zwang entfernt, und niemandes Ehre Preiß gegeben worden, nach der Hand von Kirchenvorste-
hern und Priestern in diesem und jenem viele Mißbräuche begangen worden. Und eben hierwegen
wurden viele von der Buße gar abgeschrecket. Es
hat also Pabst Leo I. ganz weislich aus dieser Ursache eine solche Abänderung getroffen, daß die
Büßer nicht angehalten werden sollen, ihre Sünden öffentlich herzusagen; sondern daß es genug
sey;

fey wenn künftig die Bekenntniß erst vor Gott,
und nachmals nur dem Priester geschieht,
der für die Sünden der Bußfertigen
mitbittet. Dessentwegen blieb aber doch die
öffentliche Buße. Nur die Ursache, warum man
die Buße ausstund, blieb unbekannt (u). Und Leo
hatte die Absicht, eben zur öffentlichen Buße hie-
durch mehrere anzulocken.

§. 40.

Im dreyzehnten Jahrhunderte unter Inno-
zenz III. durch eine Verordnung des IV. Kirchenraths, im Lateran wurde folgendes befohlen: (x)

Alle

(u) Petavius in Ep. pag. 146.
(x) *Omnis utriusque sexus fidelis, postquam ad annos di-
screrionis pervenerit, omnia sua solus peccata saltem
semel in anno fideliter confiteatur proprio sacerdoti, &
injunctam pænitentiam propriis viribus studeat adim-
plere, suscipiens reverenter, ad minus in pascha Eu-
charistiæ sacramentum nisi forte de proprii sacerdotis
consilio ob aliquam rationabilem causam ad tempus ab
hujusmodi perceptione duxeris abstinendum :* Alio-
quin & vivens ab ingressu Ecclesiæ arceatur,
& moriens christiana careat sepultura. Un-
de hoc salutare statutum frequenter in Ecclesiis publi-

Alle Gläubigen beyderley Geschlecht,
wenn sie zu ihrem Verstand kommen,
sollen alle ihre Sünden des Jahrs we=
nigstens einmal ihrem Priester bekennen,
und die ihnen aufgelegte Buße aus eig=
nen Kräften verrichten, auch das heil.
Nachtmal zum wenigsten zur Osterzeit
gebührend genießen; es wäre denn, daß
sie auf Anrathen ihres Priesters, um
wich=

---

eetur, ne quisquam ignorantiæ cæcitate velamen ex-
cusationis assumat. Si quis autem aliено sacerdoti voluerit justa de causa confiteri peccata, licentiam prius
postulet a proprio sacerdote: cum aliter ipse illum
non poscit absolvere vel ligare: Sacerdos autem sit dis-
cretus & cautus, ut more periti medici super infun-
dat vinum & oleum vulneribus sauciati, diligenter in-
quirens & peccatoris circumstatias & peccati, quibus
prudenter intelligat, quale debeat ei præbere consilium
& cujusmodi remedium adhibere, diversis experimen-
tis utendo ad salvandum ægrotum. Caveat autem omnino, ne verbo aut signo aut alio quovis modo, aliqua-
tenus prodat peccatorem, sed si prudentiori consilio in-
diguerit, illud absque ulla expressione personæ caute
requirat: quoniam qui peccatum in pænitentiali judicio
sibi detectum præsumserit revelare, non solum a sacerdotali officio deponendum decernimus, verum etiam
ad agendam perpetuam pænitentiam in arctum mona-
sterium detrudendum, Concil. Lat. IV. Can. 12.

wichtiger Ursachen willen, sich von diesem Mahle einige Zeit enthalten wollten.
Wenn dieses nicht ist, so soll ein solcher,
weil er lebet, in dem Banne seyn, und
wenn er stirbt, keine christliche Begräb-
niß haben. Man solle also diese heilsa-
me Verordnung öfters in der Gemeinde kund machen, damit niemand eine
Entschuldigung vorzuwenden habe, er
hätte solches nicht gewußt. Wollte
aber Jemand einem anderen Priester aus
einer rechtmäßigen Ursache seine Sünden beichten, so solle er vorher von
seinem eigenen Priester Erlaubniß dazu ausbitten, weil ohne dieses der andere ihn nicht loßzehlen oder binden
kann. Der Priester aber soll beschei-
den und vorsichtig seyn, daß er nach
Art eines erfahrnen Arztes Wein und
Oel in die Wunden gieße, fleißig die
Umstände des Sünders und der Sünden untersuche, dadurch recht erfahre,
was er ihm für einen Rath geben und
für Mittel anwenden möge, und also
verschiedene Erforschungen gebrauche,
dem Kranken zu helfen. Er soll sich
aber hüten, daß er weder mit Worten,
noch Zeichen, noch auf andere Weise

den

den Sünder verrathe; sondern wenn
er in der Sache Rathes bedürftig, sol=
chen einhole, ohne das Geringste von
der Person zu melden. Wenn er eine
Sünde, die ihm in dem Beichtgerichte
entdecket worden, zu offenbaren sich
unterfängt, soll er nicht allein des prie=
sterlichen Amtes entsetzt werden; son=
dern man soll ihn auch in ein wohlver=
wahrtes Kloster stoßen, daß er darinn
lebenslange Buße zu thun gehalten
sey.

§. 41.

Da oben (§. 16.) erwiesen worden, daß
nur öffentliche Sünder, die sich den Bußgesetzen
nicht unterwerfen wollten, den Bann; heimliche
Sünder aber, die ihre Sünden dem Priester entde=
cket, und zur öffentlichen Buße sich nicht bequemet
haben, außer der abgeschlagenen heimlichen Re=
konziliation äußerlich nichts anderes erfahren ha=
ben; so kann in soweit diese Verordnung
gewiß von niemand, der in der Kir=
chengeschichte, den Urkunden des christ=
lichen Alterthums, und dem alten Kir=
chenrechte bewandert ist, unter jene ge=
zäh=

zählet werden, die in den alten christlichen Zeiten ihren Ursprung haben.

§. 42.

Die Glosse des kanonischen Rechtes saget: Es ist also bey uns die Beichte in Ansehung der Todsünden nothwendig; nicht aber bey den Griechen, weil diese keine solche Tradition haben; gleichwie sie auch nicht in ungesäuertem Brode aufwandeln. (y)

§. 43.

Auch Gratianus, der die Dekreten zusammengetragen, welche den Haupttheil der gemeinen kanonischen Kirchenrechtssammlung ausmachen, und doch immer vielmehrers von der alten Kirchenzucht ent-

(y) Ergo necessaria est confessio in mortalibus apud nos; apud Græcos non, quia non emanavit apud illos traditio talis, sicut nec conficiunt in azymis. ad Rubric. dist. 5. de Pœnit.

enthalten, als die neueren päbstlichen Dekretalen; auch Gratianus wirft im Anfange seines Trak= tats von der Buße die Frage auf: (z) Ob al= lein durch die Zerknirschung des Her= zens und geheime Genugthuung, ohne daß man mit dem Munde beichte, je= mand Gott ein Genügen thun könne? denn fähret er fort, es sind einige, die da sagen: daß man Vergebung der Sün= den erhalten könne, ohne daß man der Kirche beichte, und vor das geistliche Gericht komme.

§. 44.

Zu Ende des 30ten Kanon sagt er: es ist klärer als selbst das Licht, daß die Sün=

(z) *Utrum sola cordis contritione, & secreta satisfactione absque oris confessione quisquam possit Deo satisfa= cere? — sunt enim, qui dicunt, quamlibet crimi= nis veniam sine confessione Ecclesiæ & sacerdotali ju= dicio posse promereri,* Sub Init. Tract. de Pœnit.

Sünden durch die Zerknirschung des
Herzens, nicht durch die Mundbeichte
nachgelassen werden. (a)

§. 45.

Zu Ende des 23ten Kanons hat er diese
Worte: das nemliche erhellet aus jenem
prophetischen Ausspruche: die Ungerechtigkeit des Gottlosen wird ihm nicht
schaden an dem Tage, wenn er sich be-
kehren wird von seinem gottlosen Wesen: — Er soll des Lebens leben, und
nicht sterben; denn es wird nicht gesagt, wenn er mit dem Munde gebeich-
tet haben wird, sondern wenn er sich
bekehret haben wird. (b) Und eben so zu
Ende des 33ten Kanon über die Worte: Zer-
reisset eure Herzen und nicht euere Kleider, schreibt er: der Prophet zeiget, daß
die

E

(a) *Luce clarius constat, cordis contritione, non oris
confessione peccata dimitti.*
(b) *Non enim dicitur ore confessus fuerit, sed tantum
conversus fuerit.* ad can: 32 *dist.* I.

die Sünden durch Zerknirschung des
Herzens, welche durch Zerreißung desselben verstanden wird, nicht durch die
Mundbeichte, welche ein Theil der äu
ßerlichen Buße ist, und unter Zerrei
ßung der Kleider angedeutet wird, vergeben werden. (c)

§. 46.

Zu Ende des 36ten Kanons ist sein Schluß
dieser: Da erwiesen ist, daß wir vor der
Beichte durch die Gnade Gottes auferwecket, Kinder des Lichts geworden
sind, so leuchtet die Wahrheit von
selbst heraus, daß auch allein durch die
Zerknirschung des Herzens, ohne Mundbeichte die Sünde nachgelassen werde,
(d) und zu Ende 37ten Kanons sagt er abermal:

Nicht

(c) *Ostendens in contritione cordis, quæ in ejusdem scissione
intelligitur, non in confessione oris, quæ est pars exterioris confessionis quam scissuram vestium nominavit,
a parte totum intelligens, peccata dimitti.* ad can 33.

(d) *Cum ergo ante confessionem, ut probatum est,
simus resuscitati per gratiam, & filii lucis facti,
evidentissime apparet, quod sola cordis contritio,
sine confessione oris peccatum remittitur.* ad can. 36.

Nicht in der Beichte wird die Sünde
nachgelassen, welche nemlich bewiesener
massen vorher schon nachgelassen ist;
denn die Beichte geschieht zur äußerli-
chen Bezeigung der Buße; nicht um
die Vergebung zu erhalten, und, wie
beym Abraham die Beschneidung nur
das Zeichen der Gerechtigkeit, nicht die
Ursache der Rechtfertigung war, so
geschieht auch dem Priester die Beichte
zum Zeichen der schon erhaltenen Gnade und nicht um die Vergebung zu erhalten. (e)

§. 47.

Vom 38 Kanon bis zum 89. bringt er die
Aussprüche jener vor, welche die Mundbeichte für

E 2   noth-

(e) *Non ergo in confessione peccatum remittitur, quod
jam remissum esse probatur. Fit itaque confessio ad
ostensionem pænitentiæ, non ad impetrationem veniæ & sicut circumcisio data est Abrahæ in signum
justitiæ, non in causam justificationis, sic confessio
sacerdoti offertur in signum veniæ acceptæ non in
causam remissionis accipiendæ.* ad. can. 37.

nothwendig halten, macht aber die schlüßliche Anmerkung (f): Auf was für Ansehen oder
Gründe beiderseits Meinung beruhe,
habe ich kürzlich berühret; welche aber
davon am meisten zu billigen, überlasse
ich dem Urtheile des Lesers, beyde Meinungen haben weise und fromme Leute
zu ihren Vertheidigern. (g)

(f) *His authoritatibus asseritur* neminem sine
pænitentia & confessione posse mundari — quibus
authoritatibus vel quibus rationum firmamenti. utraque sententia satisfactionis & confessionis innitatur,
in medium breviter exposuimus: cui autem harum
potius adhærendum sit, lectoris judicio reservatur.
Utraque enim fautores habet sapientes & religiosos
viros. post. can. 89.

(g) Joh. Semeka der deutsche genannt, gewesener
Probst der Kirche zu Goslar, dessen Glosse über das
Dekret des Gratians bekannt, schreibt über diese
schlüßliche Anmerkung: *alii e contrario testan-
tur* ab hoc loco usque ad sectionem his authoritatibus; pro alia parte allegat; *quod scilicet adulto
peccatum non dimittatur sine oris confessione, quod
tamen falsum est.* Allein weil dieser Author vom
Pabste in Bann gethan worden, so soll das in dem
Dom zu Halberstadt ihm aufgerichtete Denkmal:
Lux decretorum, dux Doctorum, via morum
ihm nichts helfen, zu einem Zeugen dessen zu gelten, was damals gelehrte und fromme Leute von der

§. 48.

Alexander Natalis schreibt über die Lehren
und Meinungen der damaligen Zeiten: Es wären in
dem neunten Jahrhundert sowohl, als in den folgenden Zeiten viele gewesen, welche gelehret: zur Vergebung der Sünde sey nicht nöthig dem Priester
zu beichten; und sey diese Meinung nicht als eine **Ketzerey**, sondern nur als ein **Irrthum**
anzusehen; weil in dem Kirchenrathe im Lateran
und nachhin in dem zu Trient die Beichte erst auf
einen festen Fuß gesetzet worden. (h)

E 3   §. 49.

Beichte gehalten haben. Der gelehrte Karmeliter-
general Michael, Erzbischof zu Armagh in Irr-
land, soll gleichfalls nicht in Betrachtung kommen;
und noch weniger der gelehrte Peter von Oxfort,
öffentlicher Lehrer auf der Universität zu Salaman-
ka, welcher unter Sixtus IV. zum Widerruf soll
verhalten worden seyn. vid. Bartholi Caranza
in summa Concil. fol. 286. *Gratianus* aber wurde
nicht in Bann gethan; hiemit kann er ein unanstößi-
ches Zeugniß der damaligen Lehren und Meinungen geben.

(h) Natal. Alex. diss. de sacram. confess. §. 35.
ad Iac. Boileau in hist. auric. confess. cap. 29.

§. 49.

Van Espen macht auch diese schlüßliche Anmerkung: Wenn auch Gratian geirret hat, so war doch sein Irrthum ohne Ketzerey; weil die Nothwendigkeit einer sakramentalisch. Beichte damals noch nicht von der ganzen Kirche klar und ausdrücklich entschieden war. (i)

§. 50.

Nach Geständniß dieser Authoren war also von der Nothwendigkeit der sakramentalischen Beichte durch zwölf hundert und so viele Jahre (nemlich bis auf das IV. Concilium im Lateran) und eigentlich bis auf den trientinischen Kirchen.

(i) Quod si erraverit Gratianus, error ejus fuit sine nota hæreseos, quia necessitas confessionis sacramentalis nondum clare & expresse ab universa Ecclesia fuerit definita.

chenrath nichts klar und ausdrücklich
von der ganzen Kirche entschieden.

§. 51.

Maldonat erzürnet sich nicht wenig, daß
dieser Irrthum nicht längst für eine Ketzerey erkläret worden. Und in Wahrheit in einer so
täglichen Sache, bey einem so noth-
wendigen Hauptstücke war der Irrthum
so vieler frommen und gelehrten Katholiken, so Lehrer und Kirchenraths-
sammler, nach zwölf hundert und so
vielen Jahren im Angesichte der Rö-
mischen Kirche sehr betrübt. Und ist
sich nur über den gelehrten Benediktiner Ma-
billon zu wundern, daß er die heutige Beichte
nicht nur in den ersteren Anstalten der Christen,
sondern auch noch nicht im achten Jahrhunderte
angetroffen hat. (k) Aber macht es nicht Maldonat zu arg, da er noch nicht gewiß wissen will, ob
die Meinung, daß die Ohrenbeichte nicht nothwen-

E 4   dig

(k) Act. Benedict. sec. III. in præf. obs.
XXIII. N. 90. obs XXIV. N. 29.

dig sey, für kezerisch erkläret worden? Diese
Meinung, sagt er, ist entweder bereits
zur Genüge als eine Kezerey erkläret
worden, oder die Kirche thäte doch wohl,
wenn solche noch diese Lehre zur Kezerey
machte? (1) Was heißt dieses?

§. 52.

Zwar auch **Michael Medina** schreibt:
daß die Lehre: man könne ohne Beichte mit dem
Munde, Vergebung der Sünden erhalten; in ge-
nauerem Verstande keine Kezerey sey;
es schmecke nur nach einer Kezerey (m). Eine wun-
derliche Distinktion!

§. 53.

Paul Sarpius aber, ob er gleich
nicht nur ein Katholik, sondern auch ein Ordens-
mann,

---

(1) Sed tamen hæc opinio aut jam declarata est satis
tanquam hæresis ab Ecclesia, aut faceret Ecclesia
operæ pretium si declararet esse hæresim. Disp.
de Sacr. T. 2. de Conf. c. 3.
(m) Tract. 2. de Confess. q. 4.

mann, ein Gelehrter, ein Theolog der Republik
Venedig war, hat doch die dem Kirchenrathe zu
schuldige Ehrfurcht vollkommen bey Seite gesetzet,
da er geschrieben (n), daß die Väter dieses Kirchen-
E 5   ra-

(n) *E sacra scriptura citant omnia loca prophetarum,
& Psalmorum, ubi occurrit verbum* confiteor, *aut ejus verbale* confessio, *quod hebraeorum lingua
significat: laudem aut potius professionem religiosam,
quae ad sacramentum confessionis velut obtorto collo
rapiunt, tametsi minus ad rem faciat, figuras afferunt,
e testamento veteri decerptas, quibus confessionem prae-
figuratam imaginantur, quasi opposite possint in rem
praesentem accommodari, non attendentes, sed quo plures quisque in medium afferat, ita pluimi eum
facientes. Praeterea ritus omnes, humilitatem, do-
lorem, & paenitudinem conficientibus familiarem si-
gnificantes traditionum apostolicarum nomine audac-
ter adumbrant. Miracula innumerabilia vetera &
recentiora, ex quibus appareat, confessioni addictis
omnia feliciter cessisse, ejusdem incuriis ac indili-
gentibus improspere cuncta evenisse commemorant. Re-
citabantur etiam auctoritates a Gratiano citatae, quibus alium atque alium sensum pro instituto suo affin-
gebant, aliorum quoque sententiis accumulatis, adeo,
ut qui horum doctorum sermonibus aurem commoda-
re velles, facile animum induceret credere, aposto-
los & veteris ecclesiae Episcopos, quidquid sibi erat
temporis, impendisse aut peccatis suis flexis genibus
confitendis, aut aliorum confessionibus audiendis*
hist. concil. trid. L. II. p. m. 590. sequ.

rathes aus der heiligen Schrift, und besonders aus
den Propheten und Psalmen alle Stellen hervor-
gesucht, da etwas von Beichten und Bekennen zu
lesen; und hätten solches auf die sakramentali-
sche Beichte ziehen wollen. Sie hätten aus dem
alten Testamente allerhand Vorbilder heraus ge-
klaubet, welche nach ihrem Vorgeben die heutige
Beichte schon abgeschildert, ob gleich dieselben sich
zur Sache gar nicht geschicket. Darauf aber wäre nicht Acht gegeben worden; und sey derjenige
vor den Klügsten gehalten worden, der den größten
Kram hievon aufschlagen können. Alle Gebräu-
che so bey der Beichte vorkämen, hätten sie für
apostolische Traditionen ausgegeben. Es wären
viel alte und neue Wunderwerke ausgesonnen worden, dadurch sie behaupten wollen, daß denjenigen,
so die Beichte in Ehren gehalten, alles wohl von
Statten gegangen, die aber nichts darauf gehalten,
wären unglücklich gewesen. Aus dem Dekret des
Gratian hätte man verschiedene Stellen angeführt,
und solchen einen anderen Verstand nach dem an-
ren angedichtet. Wen man diesen Vätern Glauben beymessen wollen, so hätte man sich zugleich
überreden müssen, daß die Apostel und Bischöfe
der ersten Kirche alle ihre Zeit auf Beichten und
Beichthören angewendet haben. — Das heißt gegen einen doch immer verehrungswürdigen Kirchenrath die Feder in Galle eintauchen.

§. 54.

§. 54.

In der XIV. Seſſion machte das Concilium zu Trient im 4ten Kanon dieſe Verordnung
(o) Wenn jemand nicht einräumet, daß,
zu vollkommener Vergebung der Sünden zu gelangen, dreyerley Verrichtun-
gen bey einem Bußfertigen erfordert
werden, die gleichſam die Materie des
Sakraments der Buße ſind, nemlich:
die Zerknirſchung, die Beichte, und die
Genugthuung; welche die drey Stücke
der Buße genennet werden: oder wenn
einer ſagt: es wären nur zwey Stücke
der Buße nemlich der Schrecken in dem
Gewiſſen und der Glaube, den man aus
dem Evangelium, oder der Abſolution
bes

_____

(o) *Si quis negaverit ad integram peccatorum remiſſionem
requiri tres actus in pænitente, quaſi materiam ſacra-
menti pænitentiæ, videlicet: contritionem, confeſſio-
nem & ſatisfactionem, quæ tres pænitentiæ partes
dicuntur: aut dixerit, duas tantum eſſe pænitentiæ
partes terrorem ſcilicet incuſſum conſcientiæ agnito
peccato, & fidem conceptam ex evangelio
vel abſolutione qua credit quis ſibi per Chriſtum remiſſa peccata,* anathema ſit.

bekömmt, dadurch sich einer einbildet, die Sünden werden ihm durch Christum vergeben, der sey verflucht. Vermög dieser Verordnung hilfe also nicht Schrecken im Gewissen über seine Sünden empfinden; seine Sünden vor Gott mit zerknirschtem Herzen erkennen, aus dem Evangelium sich den Glauben herholen, daß durch Christum, der zur zerknirschten Magdalena gesagt hat: Dein Glauben hat dir geholfen, daß durch Christum die Sünden vergeben werden. Der mit noch so festem Glauben sich hierauf steifet, der ist verflucht, wenn er nicht auch die Nothwendigkeit der Ohrenbeichte zulässet. (p)

§. 55.

(p) Diese Nothwendigkeit zur Vergebung der Sünden hört auf für den Fall, wenn zu beichten ohnmöglich ist, z. B. bey Feuers-Wassers- oder anderen Gefahren, oder wenn der Kranke nicht mehr reden kann. In solchen Fällen sind dem Priester die Zeichen der Buße genug, wenn er auch von der Beschaffenheit und Schwere der begangenen Sünden eines solchen Menschen zu urtheilen nicht im Stande ist. Eben so bekömmt man von den schweresten begangenen Sünden Abso-

§. 55.

Im 8ten Kanon dieser Session ist folgende
Verordnung (q): Wenn Jemand saget: daß
die Beichte aller und jeder Sünden uns
möglich, oder daß alle und jede Christen beyderley Geschlechts zu solcher
nicht verbunden wären, der sey verflucht.
Maldonat und alle müssen die Unmöglichkeit
in so weit zulassen, daß man manchmal seine Tod-
sünden nicht alle zusammenrechnen könne, die man
von einer gewissen Art der Sünde begangen; und
in solchem Falle thäte man doch eine rechte Beichte,
wenn man sagte, wie lange man in solchen Sünden verharret. (r)

§. 56.

lution, wenn sie einem gar nicht mehr beyfallen,
nach den Worten des Propheten, *ab occultis meis
munda me domine!* Reinige mich von meinen verborgenen Sünden: Ps. 28. auf welchen Text sich
das Concilium berufet; deswegen darf aber das
weitere was der Prophet am nemlichen Ort saget,
und wegen der fremden Sünden verschone
deines Knechts nicht hieher genommen werden.

(q) *Si quis dixerit, confessionem omnium peccatorum
esse impossibilem aut ad eam non teneri omnes & singulos utriusque sexus Christi fideles;* anathema sit.

(r) *Itaque, qui non possit inire numerum peccatorum
mortalium, quæ fecisset in aliquo genere, satisfacere*

§. 56.

Im 9ten Kanon macht der trientiſche Kirchenrath dieſen Ausſpruch: (s) Wenn jemand
ſagt, daß die ſakramentaliſche Abſolution des Prieſters keine gerichtliche
Handlung iſt, ſondern ein bloſſer Dienſt
auszuſprechen und zu deklariren, die
Sünden wären dem Beichtenden erlaſ-
ſen, wenn ſolcher nur glaubte, daß er
abſolvirt; der ſey verflucht.

§. 57.

ſi exponeret conſuetudinem, & tempus, quo duravit
in illo. tom. II. diſp. de Pœnit. Cap. 10. pag.
51. ſequ.

(s) Si quis dixerit, abſolutionem ſacramentalem ſacer-
dotis non eſſe actum judicialem, ſed nudum miniſte-
rium pronuntiandi, & declarandi remiſſa eſſe peccata confitenti, modo tantum credat ſe eſſe abſolutum,
anathema ſit. Uibrigens gebraucht ſich das nemliche Concilium im VI. Kanon des Ausdruckes:
ad inſtar actus judicialis, und daher iſt das Concilium hierinn leicht mit obangeführten Worten des
heil. Ambroſius zu vereinigen. Das Wort Gottes vergiebt die Sünden; der Prieſter iſt
ein Richter der zwar ſein Amt dargiebt,
aber keine Befugniß einigerley Gewalt aus-
übet. Verbum Dei dimittit peccata; ſacerdos eſt
judex, qui quidem ſuum officium exhibet, at nulli s
poteſtatis jura exercet. l. ver. de Pœnit. Diſt. l.

§. 57.

In der XVIII. Seßion im 6ten Kanon ist
folgende Entscheidung (t): Wenn jemand sagt,
daß die Art und Weise heimlich dem
Priester allein zu beichten von Christi
Anordnung und Gebot entfernet und
eine menschliche Erfindung sey, derselbe
sey verflucht. So wenig von der Anordnung
und Gebot Gottes entfernt seyn kann, wenn jemand seine Leibeswunden dem Arzte heimlich entdecket und Hilfe sucht, welches auch gewiß keine
menschliche Erfindung ist, da das göttliche Gesetz
der Natur dieses vielmehr gebietet; so ist es auch
ein schon natürliches göttliches Gesetz, für seine
Gemüths- und Seelenwunden aus solchen Ursachen
Hilfe zu suchen, wegen welcher schon die heiligen
Väter die Anleitung zur Buße, um auch hierdurch
bey Gott Gnade erlangen zu können, nothwendig
fanden, so, wie oben bewiesen worden.

§. 58.

(t) *Si quis dixerit, modum secretum confitendi soli sa-*
cerdoti alienum esse ab institutione & mandato Chri-
sti, & inventum esse humanum, anathema sit.

§. 58.

Morinus (u) und auch Van Espen (x) sagen: Was der Kirchenrath zu Trient für die Nothwendigkeit anführet, beweiset, daß das Ziel der Verordnung, alle Sünden dem Priester zu beichten, keineswegs die bloße Beichte und Entdeckung der Sünden sey; sondern damit gegen die geistlichen Krankheiten die dienlichen Mittel angewendet werden können; durch welche Mittel die Seele zur Heilung erst zubereitet und nach dieser Zubereitung durch die Rekonziliation
in

(u) *L. 1. Cap. 5. num 9.*
(x) *P. II. sect. I. tit. VI. Quæ hoc capite synedus pro adstruenda necessitate confessionis adducit, ostendunt, quod finis confessionis omnium peccatorum sacerdoti facta non fit sola & nuda confessio, five revelatio peccatorum, sed remediorum morbis spiritualibus convenientium applicatio, quibus anima curationi disponatur, & disposita per reconciliationem perfecte sanetur, atque per consequens omnia in confessione esse aperienda, per quæ ipse sacerdos tanquam medicus spiritualis veniat in convenientem notitiam vulnerum animæ, possitque convenientia medendis vulneribus pharamca præscribere & applicare.*

in den Stand der vollkommenen Ge-
sundheit gesetzet wird. Folglich sind
alle Sünden dem Priester zu entdecken,
durch welche derselbe als der Seelen-
arzt in die Kenntniß der Seelenwunden kommen, und die gegen diese Wunden dienliche Heilsmittel vorschreiben
und anwenden kann. Ein Jurist giebt hauptsächlich auf das Ziel und Ende, und auf den Be-
weggrund des Gesetzes Acht, und ein gelehrter
Theolog kann nichts dagegen haben; darum kommen in dieser Stelle Morinus und Van Espen
so gut überein. Und man kann auch gut katho-
lisch bleiben, wenn man in Verlegenheit kömmt,
was bey diesem Ziel und Ende, bey diesem Be-
weggrunde der trientischen Verordnungen, so keineswegs die blosse Entdeckung der Sünden ist, eine solche Entdeckung helfen kann, wann
sie solchen Beichtvätern geschieht, die unter dem
Namen der guten Beichtväter sich alles fleißig erzehlen lassen, auch fleißig um alles
nachforschen, sodann aber auch bey den schweresten Sünden nichts weiter sagen, als: fünf
Vater unser, und Ave Maria, und Ego
te absolvo, &c. oder höchstens die allgemein
bekannten Lehren von Zurückstellung des fremden
Gutes, oder verläumdeten Ehre, oder von Meidung der sündhaften Gelegenheit zu geben wissen,

F   oder

aber nachdem sie mit derben Worten, mit
Teufel und Hölle den Pœnitenten herneh،
men, doch Ego te absolvo sagen. Niemand sa،
ge mir; so wollen sie die alten Kirchen؛
bußen wieder eingeführet haben. Denn
ich verweise ihn auf meine Abhandlung, was ist
der Ablaß? (§. 62. und 63.) Ich kann
aber nur nicht die Nothwendigkeit diesen guten
Beichtvätern alles herzusagen, mit dem angeführ؛
ten Ziel und Ende zusammenreimen; und die؛
ses werden mir fromme, gelehrte, und katholische
Theologen nicht übel anrechnen.

§. 59.

Es ist schaudervoll, was einige Christen von
der Beichte, oder bloßen Entdeckung der
Sünden für Begriffe haben. Wenn sie nur ge؛
beichtet haben, denken sie, sey alles gut, und bey
der Sünde ist der Gedanke schon vorhinein: die؛
ses kann ich wieder beichten; dieser
Beichtvater saget nicht viel. Sie sind
mit der, meinetwegen damals zuwegegebrachten
Empfindung, hierauf gesagten Reu؛ und Vorsatz؛
formul und der sodann ohne Anstand erlangten
priesterlichen Absolution in ihrem Gemüthe voll،
kommen befriediget. Was kann bey solchen
Beichten den Beichtvater versichern, daß das Beicht؛
kind zur Heilung zubereitet sey? Was kann das
Beichtkind versichern, daß ihm die Herzählung der
Sün؛

Sünden zur Heilung geholfen habe? Was kann beyde versichern, daß auch bey Gott die Vergebung erfolget ist? Und was helfen etwelche hundert solche in Eil abgelegte Ohrenbeichten bey einem Wallfahrtsorts-Konkurse, oder einer anderen Zusammendrängung der Beichtkinder? Wo ist die nöthige Anleitung zur Buße, und wo ist alles dasjenige, was die heiligen frommen Väter unserer Kirche vor der Rekonziliation gefordert, und bey dessen Verrichtung sie erst gehoffet haben, auch Gott werde sodann einem solchen Büßer vergeben? Ich suche niemand sein Gewissen hierdurch schwer zu machen, und ich bin weit von allem übertriebenen **Rigorosisten-Enthusiasmus** entfernet. Aber dennoch wünschte ich, das jene, **welche heilungsbedürftige Seelenwunden haben**, mit heiligem Kummer wegen ihrer Sünden die Heilung nicht in der blossen Ohrenbeichte suchten, und zum Priester nicht so gleich wegen der Beichte und Absolution, sondern vorher um eine wahre Bußanleitung einzuholen sich verfügten.

§. 60.

Das heißt die **Schlüsselgewalt** gar nicht herabsetzen. Es kann schon aus oben angeführten Texten der heiligen Väter jedem einleuchten, wie dieselben die **Schlüsselgewalt** verstanden haben. Zum Ueberflusse will ich noch hersetzen, was der heilige Augustin von einem Bußbegierigen

F 2　　　　schreibt:

schreibt: (y) Er soll kommen zu den Vorstehern, welche in der Kirche das
Schlüsselamt haben; diese werden ihm
als einem angehenden frommen Sohne
zeigen, wie und auf was Weise er genug thun müsse, und was ihm zur Erlan-
gung seines Heils, und anderen zum
guten Beispiel nebst dem darzubringen-
den Opfer eines zerknirschten Herzens
zu verrichten sey. Verehrungswürdige
Schlüssel! die mir den Eingang zu jenen Weg
aufschliessen, ohne welchen man zum Heil nicht
kommen kann.

Der Schluß meiner gegenwärtigen Abhandlung soll dieser seyn: 1) Bekenne ich meine
Schwachheit, daß ich in den alten christlichen Urkunden die heutige Beichtart nicht habe finden
können; und diese Schwachheit kann mir nicht
übel genommen werden, weil auch so viele gelehrte

(v) *Venias ad antistites, per quos illi in Ecclesia*
claves ministrantur, & tanquam bonus incipiens
jam esse filius maternorum membrorum ordine custo-
ditus a præpositis sacrorum accipiat satisfactionis suæ
modum, ut in offerendo sacrificio cordis contribulati
& devoti & supplex id tamen agat, quod non solum
illi prosit ad recipiendam salutem, sed etiam cæteris
ad exemplum. Homil. L. de Util. & Necess.
Pœnit.

§. 61.

te Katholiken angeführtermaſſen die Ohrenbeichte alldort nicht haben finden können. 2) Verehre ich den Kirchenrath zu Trient, und alle Stellen, welche dieser Kirchenrath für die Nothwendigkeit der Ohrenbeichte anführet. 3) Unterwerfe ich mich überhaupt der Kirche, und halte die Regel des Vincentii Lirinenſis : **Katholiſch iſt eigentlich dasjenige, was aller Orten, in allen Zeiten, von allen Chriſten geglaubet worden** (z). 4) Will ich alles das gar nicht geſchrieben haben, was immer vor Gott nicht orthodox ſeyn ſollte. 5) Halte ich dabey mit guter Zuverſicht die angeführten Stellen der heiligen Väter und Urkunden des chriſtlichen Alterthums für Hochachtungs- und Erwägungswürdig, und vermeine ohne Ketzerey 6) ſagen zu dürfen, daß in der heutigen Bußart, ohngeachtet des trientiſchen Kirchenraths, eine Abänderung, und hierdurch eine Vereinigung der getrennten Chriſten getroffen werden könnte.

§. 62.

Sollte aber keine Abänderung möglich ſeyn, ſo gebe der allmächtige Gott, daß die heimliche

Oh-

(z) *Id proprie Catholicum eſt, quod ubique, quod ſemper, quod ab omnibus creditum eſt.* in Coman. l. 3

Ohrenbeichte gar niemals zu mehrerer Verführung als Anleitung der Jugend — gar niemals zu Versuchung und Verführung der Unschuld (a), niemals dem Staate, der bei diesem heimlichen Gerichte nicht einmal auf seiner Hut seyn kann (b), zum Schaden und zur Hemmung solcher Anstalten, deren Güte und Nothwendigkeit wohl mancher Beichtvater nicht einsehen möchte; gar niemals häuslichen Gesellschaften zum Nachtheil, und mehr zu Stöhrung des Hausfriedens als Erhaltung desselben, gar niemals zu einem Frag- und Kundschaftsamt solcher Gegenstände, die nicht in den Beichtstuhl gehören, gar niemals zu Betteleyen und kostbaren Befriedigungen

der

(a) Sieh Gregor. XV. const. universi Dominici vom Jahr 1612. Benedictus XIV. Sacramentum pœnitentiæ vom Jahre 1741. Etsi pastorales vom Jahre 1742. Apostolici vom Jahr. 1745. Giraldi Exposit. juris pontif. T. II. p. I. in append. ad Tit. de Hæretic. Und was ist wohl dieses für ein Anblick, wenn man einen Unbärtigen der Frauenzimmer und Eheleute ihre Beichten hören sieht; und wie noch viel ärgerlicher wär es, wenn einige Beichtväter sogar Niemand anderen als Frauenzimmer beichthören wollten.

(b) Dennoch habe ich eine Abhandlung von den Rechten eines katholischen Landesfürsten in Ansehung der Beichtstühle unter der Feder.

der Beichtväter, gar niemals zur Bestärkung in Vor,
urtheilen, und Erhaltung der Mißbräuche, und gar
nicht zu allem dem, was das Ziel einer Sünden,
bekänntniß nicht ist, und was nicht Sünde ist,
sondern erst zur Sünde wurde, mißbrauchet werde.
Dieses Gebet ist eben znr Ehre des Beichtstuhles
vorträglich und jedem Katholiken nicht nur erlaubt,
sondern auch ein sehr schönes und kräftiges Ge,
bet (c).

(c) Ich weiß vorhinein, was ich von vielen über
diese Abhandlung zu gewarten habe. So wie ich
aber wider jene, welche über die von mir bereits heraus
gegebenen Abhandlungen und wider mich, mehr als
30 Broschüren geschrieben haben, keine Feder an,
gesetzet habe; so folget auch keine Antwort gegen
jene, die sich nun über diesen Gegenstand von der
Ohrenbeichte bemühen werden etwas zu schreiben, oder
gar zu predigen. Quis disceptandi finis erit &
loquendi modus, si respondendum esse respon-
dentibus semper existimemus? Nam qui vel
non possunt intelligere quod dicitur, vel tam
duri sunt adversitate mentis, ut etiamsi intel-
lexerint, non obediant, respondent ut scriptum
est (Psalm. XXXI. 1.) & loquuntur iniqui-
tatem atque infatigabiliter vani sunt. Quorum
dicta contraria si toties velimus refellere, quoties obnixa fronte statuerint non curare quid di-
cant dum quocunque modo nostris disputationibus
bus contradicunt, *quam sit infinitum & aerumno-*
sum & infructuosum vides, sagt der heil. Augustin de
civ. Dei. L. II. C. 1. Derley Scribenten sind ge,
straft, daß sie, wenn sie auch für Zorne bersten

möchten, doch der guten Sache Fortgang immer se-
hen müssen; und was sollten ihre Verläumdungen
dem schaden, wider welchen sie schreiben; der ihn
kennt, weiß, daß es ganz anders ist. Der Mo-
narch erkundiget sich doch auch um das Wahre,
ehe er verurtheilt; und die übrigen Herumrederey-
en sind in Ansehung des Verläumdeten nichts be-
deutend, in Ansehung der guten Sache aber und
zur Erhaltung einer Aufmerksamkeit, und Aufklä-
rung noch dienlich; und eben diese Skribenten machen, daß die Zeit eher kommen wird, da die
Nachkommen sich verwundern werden, daß wir solche Wahrheiten nicht gewußt haben. Veniet tempus, quo posteri nostri tam aperta nos nescis-
se mirentur. Seneca Nat, Quæst. L. VII.
Cap. 25.

www.ingramcontent.com/pod-product-compliance
Lightning Source LLC
Chambersburg PA
CBHW021418090426
42742CB00009B/1178